阅读成就梦想……

Read to Achieve

幸福资本论

为什么梵高受穷，毕加索却很富有

【日】山口扬平　著
袁光　译

中国人民大学出版社
·北京·

图书在版编目（CIP）数据

幸福资本论：为什么梵高受穷，毕加索却很富有 /（日）山口扬平著；袁光译．—北京：中国人民大学出版社，2015.2

ISBN 978-7-300-20809-1

Ⅰ.①幸… Ⅱ.①山… ②袁… Ⅲ.①金融–通俗读物 Ⅳ.①F83-49

中国版本图书馆 CIP 数据核字（2015）第 030655 号

幸福资本论：为什么梵高受穷，毕加索却很富有

山口扬平 著

Xingfu Zibenlun: Weishenme Fangao Shouqiong, Bijiasuo Quehen Fuyou

出版发行	中国人民大学出版社		
社　　址	北京中关村大街 31 号	邮政编码	100080
电　　话	010-62511242（总编室）		010-62511770（质管部）
	010-82501766（邮购部）		010-62514148（门市部）
	010-62515195（发行公司）		010-62515275（盗版举报）
网　　址	http://www.crup.com.cn		
	http://www.ttrnet.com（人大教研网）		
经　　销	新华书店		
印　　刷	北京中印联印务有限公司		
规　　格	145 mm × 210 mm 32 开本	版　　次	2015 年 3 月第 1 版
印　　张	5.25 插页 1	印　　次	2015 年 3 月第 1 次印刷
字　　数	80 000	定　　价	35.00 元

“我们现在假定人就是人，而人同世界的关系就是一种人的关系，那么你就只能用爱来交换爱，用信任来交换信任”

卡尔·马克思《经济学哲学手稿》

contents
目 录

第3章
开辟企业和个人均能发行货币的新世界 // 49

第5章
信用打造的新共同体：不要积累资本要积累信用（信用链条） // 105

Preface 前言

说起天才画家梵高与毕加索，这二位的大名恐怕是无人不知、无人不晓吧。可他们生前的境遇却有着天壤之别。

屡次更换工作的梵高最终投身于绘画。在他与高更合作失败后，饱受精神疾病的困扰，亲手割下了自己的耳朵。这也许是他一生中最著名的片段。梵高是在弟弟提奥的理解与支持下进行艺术创作的，但在他多达 2 000 幅的画作中，能在生前卖出去的却仅有一幅。

与梵高相比，毕加索则要幸运得多。他的成功不仅与其卓越的绘画才能有关，更与他的人生经历有着密切的关系。7 岁的毕加索在身为美术教师的父亲的引领下步入了艺术殿堂，并展现出了惊人的艺术天赋。后来，手把手教他画画的父亲说“我已经不能再教儿子画画了。”这充分地表现出毕加索非凡的绘画才能。

更令人惊奇的是以 91 岁高龄辞世的毕加索为后世留下了超过 7 万幅画作。此外，他还拥有多所豪宅和巨额现金。他的遗产总值约为 7 500 亿日元（约 395 亿人民币）。在美术史上，生前就能拥有如此多的财产的画家，从古至今，仅此一人。

这两位大画家的命运为什么相差这么大呢？

我想这是因为毕加索对“金钱”更感兴趣。下面的几则小故事体现了他对金钱的看法与态度。

为什么毕加索的画卖得贵

毕加索在出售自己的画作方面是个天才。每当他有了新作，他就会召集几十名熟识的画商参加他的画展。而且，在展览会上，他会将作品的创作背景和创作意图详细地讲给大家听。

想要卖得好，先要画得好。可如果仅仅只是一幅画，恐怕没人愿意为它出金钱。人们更希望购买的是和画作有关的故事。毕加索这样做就是在利用竞争原理把作品的价钱炒上去。这种把作品的价值转换成价格的方法，也就是今天广为人知的“货币化”过程。

为什么毕加索爱用支票

据说，毕加索即使购买生活用品也喜欢用支票付款。

他为什么要这样做呢？其实，这里面有个小秘密。

毕加索是位声名显赫的画家。如果他用支票购物，得到支票的店主会怎样处理那张支票呢？毕加索认为，店主与其拿着这张支票去银行兑换现金，倒不如将这张有他亲笔签名的支票当作艺术品，拿去装饰房间或者收藏起来。于是，为了不让店主们拿支票去兑换现金，毕加索就用支票去结账，这实际上相当于毕加索没花金钱就“买”到了东西。

现在您该知道毕加索是怎样自抬身价，怎样用名声换取更多的金钱了吧。他的方法用现代金融术语来讲就是“信用创造”和“变现”。

为什么毕加索愿意无偿为葡萄酒设计标识

法国波尔多地区木桐酒庄（Château mouton rothschild）出产的高级葡萄酒享誉世界。这种每瓶标价约为 5 万日元（约合人民币 2 635 元）的高级葡萄酒，自 1945 年起，每年都使用不同的图案作为酒标，其 1973 年的酒标就是由毕加索设计的。可是，酒商并不是用金钱支付毕加索的设计费用，而是用葡萄酒。所以毕加索设计的酒标获得的评价越高，葡萄酒的售价就越高。而作为稿酬的葡萄酒，无论是毕加索留下来自己喝还是拿出去卖，毋庸置疑，它都具有极高的价值。这称得上是毕加索和葡萄酒商双赢的案例。

顺便说一下，木桐酒庄的全名为木桐·罗斯柴尔德酒庄

（Château mouton rothschild）。显而易见，它指的就是雄踞犹太金融宝座的罗斯柴尔德家族。木桐酒庄的庄主菲利普·罗斯柴尔德男爵每年都会邀请包括毕加索在内的众多著名画家为葡萄酒设计酒标。从这一举措我们可以看出，他对金钱也有着深刻的理解。

毕加索和罗斯柴尔德都知道，在诚信的平台上，即使不花金钱也能进行价值交换。而且这样的价值交换往往能表现出无法用金钱衡量的本质与意义。所以说，经济未必离不开金钱。顶级的金钱达人往往就是那些不用花费金钱就能把事情处理得很好的人。

为什么毕加索的名字那么长

巴勃罗·迭戈·何塞·圣迪亚哥·弗朗西斯科·德·保拉·居安·尼波莫切诺·克瑞斯皮尼亚诺·德·罗斯·瑞米迪欧斯·西波瑞亚诺·德·拉·圣蒂西玛·特林尼达·玛利亚·帕里西奥·克里托·瑞兹·布拉斯科·毕加索。

这是毕加索的全名。据说，在毕加索的故乡——西班牙南部的马拉加，那里很多人也有这么长的名字。当地人在起名时，除了会把祖先的名字加进去，还喜欢把和自己关系近密的亲友的名字加进去。这样做的结果就是人们的名字越来越长。听说就连毕加索本人也记不住自己的全名。

西班牙人如此热衷于把别人的名字加入自己的名字，其真实目的是想拉近自己与对方的关系。他们都非常清楚构建诚实可靠的人际关系的重要性。在他们看来，金钱只不过是减少人际交往时所产生的摩擦的润滑剂罢了。

毕加索说过这样一句话："我画的不是事物的表象，而是不能用肉眼看出的本质。"

因此，我们有必要了解金钱的本质。否则，我们将无法掌控自己的命运，更不能幸福地生活。

也许您已经觉察到了本书写的并不是梵高和毕加索，而是通过他们引导我们应该对金钱作出相应的思考。

诚然，毕加索与梵高都是伟大的画家，都有着充实而幸福的人生：毕加索深得多位女性的爱慕，梵高也有弟弟提奥这样一位知音。可见金钱的多少和人是否拥有幸福并没有直接的关系。因为幸福是愿望实现后的状态。要想得到幸福，人不仅要有足够的金钱还要有强大的意志力。

对于金钱这个既寻常又奇妙的存在，人在年轻时就应该培养出能够俯视它的能力。这样才能将金钱视作生产某物的"原材料"，才能更好地驾驭它。

上述内容实则是我的一些经验之谈。

就我本人而言，目前我在越南的世界文化遗产之都会安拥有一家礼品店；此外，我作为咨询公司的合伙人，还处理着十几个项目；同时，我也是三个网站的负责人。

做生意有时会赚钱，有时要花钱。不过，我花钱并不是在做投资。这些花出去的钱对我来说就是创业时所花的学费。

我并不是个大富翁。当资金不足时，我也会为了筹措资金而东奔西走。之后，我会用筹到的金钱去经营事业，实现理想。评价一名创业者成功与否，重要的是要看他能创造出多少价值，具有怎样的思想，而不是看他积累了多少资产。

在我看来，金钱就是创业用的“铅粉”。当我们不能顺畅地与人沟通时，金钱能为我们搭建起沟通的桥梁。不过，价值交换的前提是诚信，有诚信做平台，金钱才有用武之地。我认为，除了购置必要的设备和支付报酬时需要金钱外，在其他情况下，金钱都不过是人际交往中的润滑剂。

其实我们除了需要购买基本的生活用品，其他的东西都可以与朋友互通有无。

就拿我来说，我除了房子不能借给别人用外，像书籍之类的东西都可以借给别人。我甚至可以把一些资料上传到网络与人共享。比如，我虽然需要制定一些借贷规则来处理人际交往时产生的摩擦，但在这种与他人互动的过程中产生的温情却使我快乐地享受着生活的每一天。所以说，现代人如果想活得更幸福，就必须转变思想，适应新生活。

在这十年间，我对金钱的态度发生了很大的变化。

过去，我就是欧美人说的“攒钱防老”的那种人，对金钱充满担忧。但现在我每天都过得很快乐，对未来充满了信心。为此，我必须计算出还需要赚多少金钱才能维系现在的生活。也就是说，我首先要让自己处于幸福的状态，然后才量入为出地赚取能够维持现状的金钱。

我也是在经历了许多事情之后，才有了现在的认识。

大学毕业后，我成为了企业并购（M&A）行业中的一员，并参与了外企和基金的大规模收购工作。在那个由金钱主宰一切的世界里，到处都充斥着人们的欲望与不安。在这个领域摸爬滚打了 8 年后，我决心自主创业。从此，我步入了用创造出的价值换取金钱的商界。后来，我出售了公司，又过了两年无业游民的生活。

回首过往，为了金钱我有过落魄之时，也曾陷入失去尊严、爱与信誉的窘境。在起起落落中，我学会了很多，明白了很多。

现在，我终于能平静客观地面对它了。

近几年，不仅金钱发生了很大的变化，人们的金钱观也出现了很大的问题——人们已经不能正确地看待金钱了。各国政府和中央银行不断地发行货币，不断地推销无价值、无信用的金融商品，结果这些行为引发了世界性通货膨胀。众所周知，名不副实的金融资本主义经济在次级抵押贷款上出现了问题，有段时间甚至陷入了瘫痪的境地。

国家作为货币发行的主体，一旦背负上巨额债务就不能维持信用。于是国家这个共同体也将面临着破产的危险，但资本主义制度依然会被大多数国家采用。于是，金钱依然会垄断我们的交易市场，使我们产生什么都能用金钱买到的认识。

随着时代的发展，金钱从最初的金属货币变成了纸币。而IT业的发展与网络的普及，又使金钱从纸币进化成了电子货币。我们与金钱见面的机会越来越少了，但账户里余额的变化控制着我们的喜怒哀乐。

将来，金钱会发生怎样的变化，我们又该如何与它打交道呢？

本书阐述了我对金钱的思考与认识。在向大家介绍金钱的历史与未来发展的同时，我会为大家提供能使您过上幸福生活的各种建议。

我之所以这样在乎金钱，是因为不想受制于它。人生应该是个不断创造的过程，人应该用已有的经验去改造世界。金钱，其实只是我们改造世界时用到的一个工具而已。

换而言之，虽然金钱是不限数量的创造卡，但它不能够限制我们选择生活方式的权利。所以，我很愿意与大家分享我对它的看法。

本书并不是指导你如何成为有钱人，而是在帮助你理解金钱的本质。通过阅读本书，我希望你能为将来做好充分的准备，无论是经济方面还是其他方面都能应对得游刃有余。

那么，让我们一起来思考，金钱是什么吧！

Introduction

序　言

金钱是什么

迄今为止，金钱和性依旧是日本人在公众场合避而不谈的话题之一。因此，日本人也从来都没有认真地思考过“金钱是什么”。大多数人会将其绝对化，认为金钱就是金钱，不能和其他事物作比较。但是，金钱并不是绝对的存在。它只是人际交往时所使用的一种工具。

金钱的定义因人而异

世上没有不爱金钱的人。

毕加索不仅有超乎寻常的绘画才能，还对金钱有着独到的见解。那么，金钱是什么？我想这个问题恐怕会难倒很多人。即使你上网搜索一下金钱的定义，得到的可能也是那些很难懂的概念。让人一目了然的解释终究是找不到的。

那么，人们对金钱有着怎样的理解呢？

一般人认为“人无论做什么都离不开金钱”；也有人说：“金钱是最现实的东西”。

日本第二频道论坛[①] 上写着“金钱就是权力”。

我的一位在风险企业做经理的朋友说：“金钱是资本主义的偏差值”。在东京大学毕业的他看来，金钱不过是资本主义游戏的“成绩单”。他在巴黎五星级酒店品尝过珍馐佳肴之后，曾感慨道：“世上最好吃的东西还得是收工之后的巨无霸呀。”

一位受人尊敬的证券公司的经理常说：“金钱是社会的决议权”。意思是，人们往哪个方向投资，社会就会向哪个方向发展。金钱应该在社会中不断地流转，它是社会财富。

我年近古稀的父亲曾在我孩提时说过：“金钱是懒惰的根源，是剥削的结果”。在经历过全共斗运动[②] 的他看来，金钱和资本主义都是坏东西。但他也说过：“金钱不仅能让一切变得皆有可能，也是我们为社会做出贡献后所得到的回馈。”我赞成他这个观点。

也有人说：“金钱是吐真剂，能让人露出他的本来面目”。

金钱的定义因人而异，不管怎样，人们对它还是有一定程度

① 日本 2ch 论坛：可译为 2channel、第二频道等，是日本的一个大型网络论坛，有超过 1170 万的用户（2009 年统计）。——译者注

② 全共斗运动：1968 年（昭和 43 年）～1969 年（昭和 44 年）发生在日本的学生运动。—— 译者注

的理解的。

尽管如此，我们也不曾对它进行更加认真、更为系统的思考。加之，我们总是把它视为不洁之物，总是在尽可能地回避它。因此，与它有关的话题自然也成了公共场合的一种禁忌。

金钱是一种交流工具

“金钱就是金钱，是绝对的存在，不能与其他事物相提并论。”普通人对金钱的认识仅限于此。

但这种观点是错误的。

金钱不是绝对的存在，它只是人际交往中一种常见的交流工具（手段）。只不过金钱能以“数字”这种容易被人理解的形式在社会中流转，应该说它是一个强有力的存在（如图 0—1）。

可见，金钱和语言、宗教、肢体语言、微笑等诸多交流工具一样，是可以被取代的。

拿宗教来说，它虽然可以传播精深高妙的文化和思想，但能接受它的却只有它的教徒。而金钱虽然没有那么深厚的文化底蕴，却能被更多的人所理解。

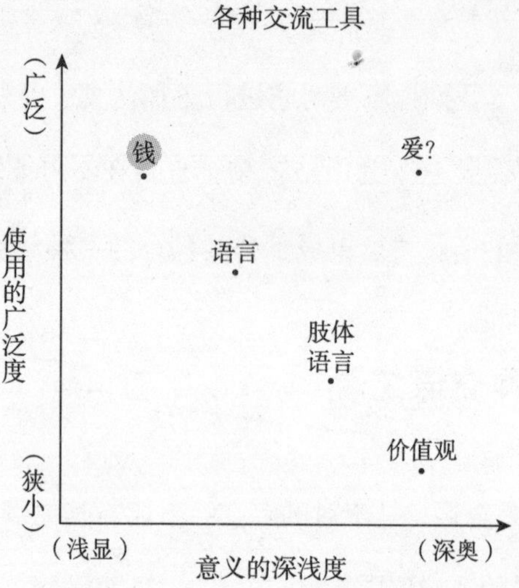

图 0—1　有些交流工具可以传播文化思想，有些则更容易被大众接受

只要你能理解上述观点，你就能摆脱金钱对你的束缚。如果你能放弃对金钱的偏见，能冷静客观地看待它，就一定能获得对它全新的认知，并与之建立良好的关系。

下面让我们一起来看看金钱是如何产生的吧。

金钱的产生过程

图 0—2 呈现了金钱的产生过程，由于它会在书中反复出现，所以你不必将它牢记在心，只需对它有个印象就可以了。在阅读中，你会逐渐加深对它的理解。

最简单的赚钱方法就是玩一种钱生钱的“金钱游戏”。

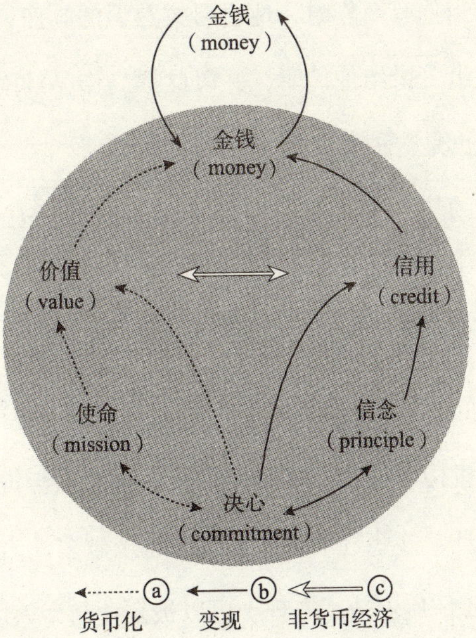

图 0—2 金钱的产生过程

出现于 20 世纪 90 年代末至 21 世纪初的秃鹫基金就是其中一例。为了方便大家理解金钱的演变过程，我有必要在第 1 章就向大家阐明那个时代的特点。不过，如果你对经贸不感兴趣，也可以直接跳过，进入第 2 章阅读。

第 2 章讲的是“赚钱（value to money）”的方法（如图 0—2 中的 a）。它指的是你用创造出的价值或凭借自身的才能为他人提供服务，为社会做贡献，并得到相应的回报的过程。这种过程就叫“货币化”。创业就是典型事例，再如，前言中所提到的毕加索的故事：当他有新作时，他会召集熟识的画商，把创作背景和意图等“故事”讲给他们听，并以此提高作品的附加值以便卖个好价钱。这也是这种方法具体应用的事例。

第 3 章讲的是“造钱（credit to money）”的方法（如图 0—2 中的 b），即“信用创造”和“变现”。日本银行或美国联邦储备银行（FRB）等机构能够发行货币，凭借的就是这个。这些机构是凭借着国家的信用发行货币的。但最近有些企业也能发行积分，这说明除国家机构以外的团体也能发行在功能上与货币近似的货币替代物。而且，这些货币替代物也将越来越多地出现在这个世界上。21 世纪，信用创造（变现）可以被企业与个人广泛地应用。你也可以发行货币。就像买东西喜欢签支票的毕加索，他就很懂得变现的奥妙。

第 4 章讲的是“价值直接交换（value to value）”的方法（图 0—2 中的 c）。交易双方在诚信的平台上无须用金钱为信用作担保就能进行物物交换。这种方式也被称作“非货币经济”。人们在社交网站（SNS）上，可与他人直接交换自己想要的物品，这种行为就是所谓的物物交换。葡萄酒商用葡萄酒作报酬，支付给为其设计酒标的毕加索。这个故事反映的就是价值的直接交换，可以说它是一种高级的经济活动。

通过上述章节，大家就能对未来的世界有一个基本的概念。在第 5 章我会讲述“构建新价值观共同体”即构建信赖关系的方法和意义。比如毕加索超长的全名，这就是他强化人际关系的方法。如果你对近期金钱的动向感兴趣，也可以从本章开始阅读。

现在，我先要把金钱的演变过程及其与经济、社会的关系简述一番，并结合自身的经历，谈谈对这些问题的看法。那么，先让我们回到 20 年前那个“钱生钱”的时代，一起去了解一下当时的时代背景和价值观吧。

Chapter1

第1章 “秃鹫”横行与钱生钱的时代

金钱的产生过程

Money to Money：钱生钱的世界

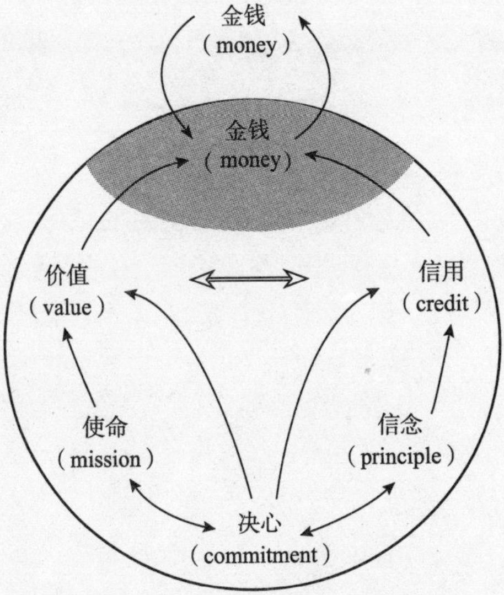

在这场钱生钱的游戏里，青涩的日本输给了游戏的发起者——欧美等发达国家。日本人在摸索通关技巧的同时，也逐渐明白了有钱也未必幸福的道理。

发生在资本主义前沿阵地中的故事

我在 M&A 行业接受的第一次洗礼

1999 年，我在一家咨询公司开始了大学毕业后的第一份工作。我当时的想法很简单，想先找个落脚的地方，并尽可能地多积累些经验。另外，由于我还没有找到自己的社会定位，我需要给自己一点时间去思考该如何规划自己的人生。虽然很多日本企业已经摒弃了终身雇佣制和论资排辈的旧习，但能让我尽情地发挥才能，并能给我提供多种职业展望的却只有咨询公司。

后来，我才发现这份工作并没有我当初想象的那么美好。当时企业并购业（M&A）正处于黎明期。在几个咨询案例中积累了一些知识和经验的我，开始着手处理美国汽车公司 G 对日本公司 I 的分公司的并购事宜。

这项工作要求工作人员在暗中对并购对象进行调查，并在得出结论后迅速地做出决定，它追求的是高效性。因此，我们夜以继日地工作着。我们不断地做调查，采访，编写材料，整理出的文件也堆成了厚厚的一摞。调查结束后，我们终于可以给客户方G公司一个明确的答复了。

我对当时的场景记忆犹新。当冗长的会议接近尾声时，G公司的一个与会代表冷冷地说到："你们做的报告一点用都没有，我们只想知道一件事，I公司创造价值的源泉是什么，能够使它运转的原动力是什么。简单点说，我们想知道这家公司创造价值的'本质'是什么。"

我当时就懵了，创造价值的本质！

我的确收集到了不少有关I公司的情报，但却没能搞清楚它创造价值的本质是什么。也就是说，我还没有搞清楚该公司为购车者提供优惠政策的途径是什么。

企业的本质不是会计，不是制度，不是营销策略，也不是组织系统，而是生产价值的生态系统。在这个案例中，我就被问及了什么是企业的本质。因为这项工作的关键就在于找到企业的本质。

如果经营者能活用企业的无形价值，如企业文化、企业DNA以及在企业成长过程中产生的免疫力，就会在经营中得到丰厚的回报。可是如果经营者将企业视作"赚钱的机器"，并试图以"更换零部件就能解决问题"的指导思想去调整部门结构、人才结构的话，虽然在短期内也能提高效益，但从长远的角度来看，却不利于企业的发展。因为这种做法扰乱了企业的共同价值观，切断了生产价值的 DNA，破坏了企业的生态系统。

想找到一个企业的本质就不能只做表面功夫，要对其进行深刻的思考，还要具备一定的洞察力。

我在资本主义的前沿阵地接受的第一次洗礼并不是要懂得如何运用数据采样加工法去寻求答案，而是懂得了要学会把握企业收益力等无法用数值表现的企业的本质。

这件事让我明白了一个道理，企业不是无生命的印钞机，它是个完整的有机体，是个健全的生态系统。

“秃鹫”来袭，开战之前已定胜负

20 世纪末至 21 世纪初，日本在经济领域中发生的那些事，回想起来可真够让人心酸的。在那个时代，“资本暴力”滥施淫威。因此，我们把那个时代称为“金融秃鹫的时代”。

秃鹫基金（Vulture fund）一词源自人们对秃鹫猎食腐尸的联想。传统的秃鹫基金指的是通过收购破产或即将破产的企业，再以恶意诉讼等方法，谋求高额利润的投资基金。后来，它成了具有贬义性质的投资基金的代名词。

美国里普尔伍德投资基金收购日本长期信用银行，就是一个典型的案例。美国里普尔伍德投资基金收购为日本工业化提供资金的日本长期信用银行的收购金额仅为 10 亿日元，而且它的收购款项也非常不合理。比如，款项上明确地写着，当日本长期信用银行不能收回给企业的贷款时，其产生的亏空要由日本政府拨款弥补。

世上从来就没有不承担任何风险的债券。只是当时的日本人还不懂这个道理。结果我们只能眼睁睁地看着里普尔伍德投资基金获得了超过 2000 亿日元的收益。

西方人并不是等游戏开始之后才去争取胜利的。他们喜欢在游戏开始前就制定出对自己有利的游戏规则。20 世纪末那些发生在日本的资本主义游戏莫过如此。

西方人绝不会去尝试那些自己不能获胜的游戏。他们能来日本与日本人展开对决，是因为他们已经有了能够取胜的万全之策。

想必很多人都对20世纪末发生的"会计改革"有所耳闻。最初，欧美国家和日本评价企业价值的标准是不一样的。但会计改革之后，欧美国家的评价标准就成了国际标准，日本也不得不遵循这一标准再度对企业做出评价。此前，日本评价股票价值的主流标准是参看企业在"过去"所积累的财富，即净资产。而欧美国家在评定一只股票的价值时，往往会以该企业的发展潜力为依据，继而推断股票的优劣。

当时，日本企业也有着丰厚的资产，但在残酷的环境下，其未来收益可能没那么高。如果按这种标准评价日本企业，那么日本企业的股票价值就只会不断缩水，而且这种评价标准抹杀了日本企业所承载的技术和信用等诸多宝贵的无形资产。

另外，欧美国家对“金钱”的理解也和日本相差甚远。

我有个做大宗医疗产品的朋友说：“在随手一锹就能挖出石油的阿拉伯国家寻找赞助商是最明智的选择。那里的人赚金钱容易，成为赞助商的概率也相对较高。”迪拜的石油收入和投资收益均为 10 兆日元，而当地只有 40 万人，这相当于当地人不劳而获的人均收益为 5 000 万日元。对他们来说，买一台法拉利仅需花费三个月的收入。

当然，也不是每个阿拉伯人都那么富有，想找他们做赞助商其实也没那么容易。我的意思是说，日本人通过辛勤劳动赚来的金钱和阿拉伯人卖石油赚来的金钱，以及欧美人以“将来”的潜力为参考标准靠贷款创业赚来的金钱，意义是不一样的。这些以各种形式获得的价值均用统一单位“金钱”来表示时就用到了“汇率”。但仅仅一个“汇率”真的能表现出那么多的意义吗？

巨额负债不是债务而是债权

日本曾出现过投资基金的兴盛与参与企业重建的高潮。2003年，日本政府性基金的产业重建机构出资援助背负2兆日元巨债的大荣公司，可谓是日本企业重建时代的大事件。

当时M&A的现场就像电视剧《大搜查线》里演的那样，所有人都聚在公司最大的会议室听取工作安排，每台复印机都嗡嗡地运转着，厚厚的资料被发放到每个与会者手中。秘书和工作人员都相当忙碌，大家为了完成工作不分昼夜地奔走着。这种热闹得像过节一样的状态起码持续了三个月。在这段日子里，有人会在工作中交上桃花运（我可没摊上这样的好事），也有人会因为工作的事经常与人发生冲突（这我倒是深有体会）。

大荣公司在日本经济的高速成长期得到了长足的发展，它通过提高销售量、提升采购时的交涉能力、降低筹措成本，以低廉的价格卖给主妇层人群等手段，获取了阶段性的胜利。不过好景不长，这种薄利多销的经营模式就无法满足消费者对“质”的追求。于是，大荣公司也在生活模式多样化的大环境下走到了尽头。

如果不能生产出有竞争力的商品，大荣公司就无从获利。而且大荣公司购买店铺用地时的贷款数额相当巨大，其带息负债高达2兆日元，而它的年均营业额才200亿日元，这点钱连银行的利息都还不上。贷款给大荣公司的那些银行虽然有做坏账的准备，但大荣公司做抵押的物资却完全弥补不了这个巨大的损失。所以大荣公司一旦破产，银行就会跟着倒闭，日本的金融秩序也会变得混乱不堪。甚至可以说，大荣公司要是垮台了，日本也离亡国不远了。

为了不让大荣公司破产，日本政府和经济界都希望它能软着陆。所谓的“大而不倒”（too big，to fail）是指规模越大的企业越不容易破产，因为国家为了维护整个社会的稳定，是不会让它破产的。

这样一来，由于大荣公司的借款数额巨大，银行就必须主动找大荣公司谈判，这样就出现了贷款方帮助借款方摆脱困境的现象。

“千万不能让大荣公司破产！”投资基金出于这种考虑，为其重建也投入了巨额资金。

在企业重建的浪潮中，私募股权基金也发挥了很大的作用。

私募股权基金把集结到的大量的资金投资给了那些不景气的企业，但是它拥有对资金的支配权。等到企业价值与股价提升之后，私募股权基金就会卖掉所持股份并从中获利。大多数基金都会对其想要收购的企业说：“我们的介入可以使企业提升价值，对企业来说是好事。”

可企业一旦遇到困难，就会做出裁员、削减岗位等决定。有的企业甚至会以控股比率低为借口，背信弃义地逼走曾经的合作伙伴。此时，能独善其身的只有基金。说得再清楚点，基金是在未完成企业收购之前就想好了出售策略（EXIT）。可见资本主义的游戏规则就是如此，所以谴责基金也没有任何意义。我只是质疑基金的这种谋利方式。

不过，基金在当时的环境中也确实创造过些许实体价值。

尽管如此，生产价值却不是基金的“分内之事”。与其说基金能生产价值，倒不如说它更善于玩钱生钱的把戏。基金一旦筹到了资金，就会马不停蹄地去搜寻能赚到更多的资金的项目。总而言之，像基金这种为金钱而生的事物，终有一天也将为金钱而死。

在人们的不安与欲望中成长起来的金钱

银行盈利的秘密

你还记得 2008 年由次级贷款引发的金融危机吗?

当年，美国的金融机构用各种金融手段把一笔原本只有 30 兆日元的贷款债券炒到了 300 兆日元（如图 1—1）。然而在这个过程中，增长的只有金钱的数量，实体价值却没有得到任何提升。结果，金融经济与实体经济的严重脱节导致了这场危机的爆发。

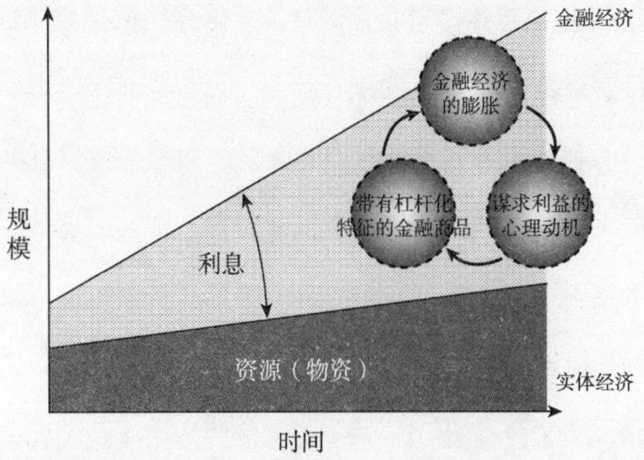

图 1—1 实体经济与金融经济的脱节

有些金融机构就是在把债券炒成基金或证券的过程中，通过收取手续费来谋利的。这种行为往往会使价格与实体价值间产生巨大的落差，导致二者的背离。

无论过去还是将来，金融机构都只能“制造”金钱，不能创造价值。而且，广义的金钱也真的就是金融机构“制造”出来的。

举例来说，银行能造出比它持有的本金的 90 倍还多的金钱。不要以为银行是以把我们的存款拿给企业或私人做贷款的方式盈利的，银行是以存款准备金率的方式把更多的金钱贷款给企业或个人。

银行可以做贷款的货币量取决于自身所持的资产。一家新银行如果在中央银行开户时存入 1 日元的本金，那它就能做 10 倍的贷款业务。银行给哪家企业做贷款，就会用抵押权作抵押，把相当于目前贷款 10 倍的金钱借给企业。

银行的利润来源并不是我们的存款，而是通过贷款的方式赚取到的更大的利益。你手里的金钱，其实是别人的借款。没人借金钱银行就不能造金钱。人们为欲望所累，从银行借出来的金钱越多，银行造出来的金钱也就越多。

因此，2000 年全球“金钱”的总额约为 190 兆美元，它在金融危机出现之前的 2006 年上涨了 3 倍，达到了 570 兆美元。但同期的实体经济（名义 GDP 与贸易）仅由 50 兆美元上升到 70 兆美元，才涨了 1.4 倍（如图 1—2）。

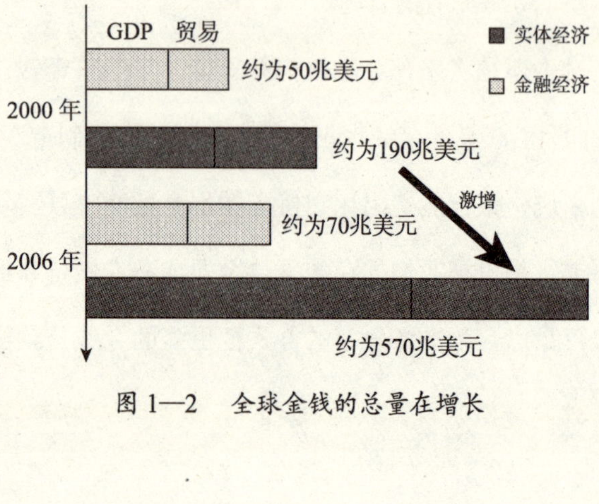

图 1—2　全球金钱的总量在增长

满足欲望如同饮鸩止渴

被欲望吞噬的不仅只是金融机构，我们这些普通人也被金钱束缚得不得自由。我们就像是被人拿去做烤鸭用的肉食鸭一样，每天都不得不吃下许多不想吃的东西。与此同时，迫于外界的压力，还要高喊着“努力！拼搏！奋斗！”的我们，也会渐渐地迷失人生的方向。

满足欲望就像饮鸩止渴。我们通常用人寿保险和赌博等方式安抚心中的不安，试图满足无尽的欲望。

人寿保险是利用我们对未知世界的不安与恐惧的心理来赚钱的，赌博是利用我们的欲望来牟利的。《21 世纪的历史——未来人看世界》的作者雅克·阿塔利指出：本世纪的两种主要商业活动就是人寿保险与赌博。

保守而谨小慎微的人交纳了太多不必要的保险金，信奉“今朝有酒今朝醉”的人则把金钱拿去赌博。人寿保险与赌博都有 20 兆日元的市场规模。而且，这种现象也并非日本独有。可见，愿意为不安和欲望买单的人还真是大有人在呢。

行将就木之时才能成为大富豪

拿买人寿保险来说，发达国家的人保率通常为 5%，而日本却超过了9%。这种现象难道不应引发我们的思考吗？

用金融学的视角来看人寿保险，其实质就是“拿自己的生死做赌注”。而且，它是那种人不死就赢不到金钱的带有悲剧色彩的赌博。入保之后，我们只要一息尚存就得给保险公司交手续费。可以说，这场赌博对于我们来说真的是稳赔不赚啊！

为什么会有保险公司呢？因为保险公司承诺“在您发生意外后，我们可以为您提供相应的保障与赔偿”。但只要不是从事高风险职业的人，买保险都是不明智的。日本40岁男性的死亡率仅为年均万分之一，而且日本企业对死者家属的抚恤金又相当优厚。所以，有必要参保的人还真不该那么多。

谨小慎微且储蓄成性的日本人只有在临死前才能成为大富豪。可人都死了，要金钱有什么用呢？这真是太悲哀也太讽刺了。

赌博也是如此。

就拿买彩票来说吧，庄家拿走的头钱占销售额的52%。也就是说，你花100日元买到的彩票，到手的就只有48日元。所以买彩票也是日本社会中一个稳赔不赚的商业活动。

最公平的赌博其实是黑社会开办的赌场，它仅收取5%的头钱。因为这种赌场推行的是自由竞争，头钱收多了客人就会去别家玩，所以相对公平。赛马（隶属农林水产部）的头钱是25%，柏青哥[①]（受警方管辖）的是 20%。越是由政府管理的赌场对“赌徒”就越不利，这真是太可笑了。

既然如此，我们为什么还会去买保险、买彩票呢？人的本性中就有“贪小失大”的特征，在它的作用下，我们才做出了许多荒唐事。

买彩票时，有些人妄想着“没准我能中 3 亿日元的大奖呢”，却忽视了只有 250 万分之一的中奖率。有些人终日忧心忡忡地害怕自己遭遇不测，就为自己买了很多保险。结果，我们的钱包就被这两种心理掏空了。

我们应该养成理性消费的习惯，想清楚某物对我们到底有什么意义，然后再考虑付款。

没金钱的悲剧与有金钱的悲剧

金钱或用金钱买到的东西确实能在第一时间满足我们的欲望，但很快我们的注意力就会转移到下一个目标上去。想过上幸福的生活，我们不能只有“多到让我们感到欣慰的金钱”，还要有“足够强大的意志力”。

幸福的本质就是一体性及其带来的和谐感。一体性是爱，是

① 柏青哥：国内又俗称爬金库。在日本非常流行。柏青哥于 1930 年始创于日本名古屋，发源自欧洲的撞球机。——译者注

实现愿望后的满足感。

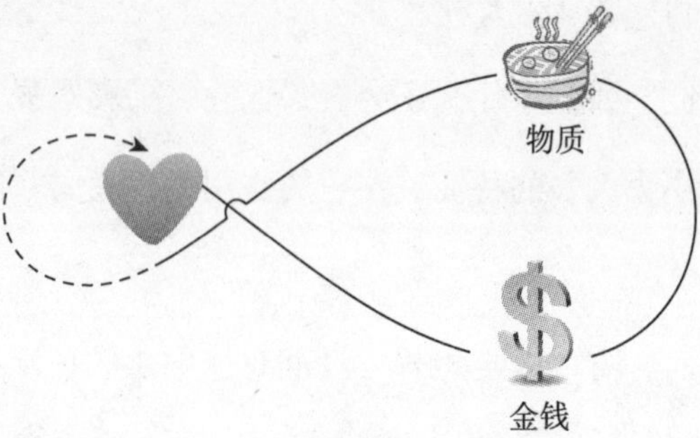

图 1—3　金钱能买到幸福吗？

幸福与人的五感相通，人可以在解释物质的基础上感受到幸福。

一个被中国人热转的帖子：

金钱可以买到房子，但买不到家庭。

金钱可以买到表，但买不到时间。

金钱可以买到床，但买不到睡眠。

金钱可以买到书，但买不到知识。

金钱可以买到医疗服务，但买不到健康。

金钱可以买到地位，但买不到尊重。

金钱可以买到血液，但买不到生命。

金钱可以买到床伴，但买不到爱情。

（摘自侯夫人著《世界第一土豪——日本人》，Discover21 出版社，2008）

如果我们没有自制力，就不能达到“无欲无求”的境界，就不能自我调节，也就不能得到幸福。所以，现在很流行用坐禅和冥想的方式让自己达到无所求的平和心态。

2000 年，香港某富商在收购日本一家 IT 公司时说：“养成对金钱保持客观平静的态度比赚取金钱还难。”

人气电影《秃鹫》中，主人公在最后一幕中感叹道：“人生有两大悲剧，一个是有钱，另一个是没钱。”这两个悲剧都是由于我们不能正确地看待金钱，不能控制自己的欲望造成的。

因此，现代人的幸福问题，实际上就是感知问题。

幸福看似与身外之物（金钱、物质）有关。可实际上，幸福是在我们感知世界时，根据我们对世界做出的解释而产生的一种愉快的感觉。极端点说，幸福是被“解释”出来的。

但现代人都有感知上的残疾。我们的感官只能认知外物，却无法感受幸福。

因此，我们的当务之急并不是去改变社会体制，而是要开发自身的感知力并及时打破旧有的思维定势。

为金钱而生的事物，终有一天也将为金钱而死

与实体经济脱节的金钱在这个世界上无限地增长着，它可以轻易地改变我们的命运。购物之前，我们要冷静地想清楚某件东西到底该不该买。我在附录中写了几条我们在花费金钱时应该养成的习惯，希望能对大家有所帮助。

后话　我明白的两个道理

用金融杠杆赚取金钱

我 20 多岁时，出于工作原因，曾在美国洛杉矶的一个富豪的豪宅里住过一段时间。

那位富豪是星巴克的前任首席运营官（COO），他在饮食服务业的世界市场里有很大的决议权。他住在山中的富人公社，从机场到他家大概有一个半小时的车程。他家养了一猫一狗——两只毛色光鲜的宠物，它们相处得十分融洽。我见此光景心中暗想："金钱居然能让猫狗这对天敌和平共处，还真是神通广大呀！"

为了消除时差造成的疲劳，我们坐在宅院内的游泳池旁，一边晒日光浴，一边促膝长谈。

他突然说："世上有两种生存方式：一种是铤而走险，一种是平平淡淡。我选择了前者。"接着他又让我明白了两个道理。

一是用金融杠杆赚取金钱。

在M&A行业中，金钱就是用做再投资的"材料"，要充分地利用筹集到的金钱去获取更大的利益。想必很多人都知道"金融杠杆"的含义。

"经济活动中有两个杠杆，即OPT（other people's time）和OPM（other people's money）。前者指利用别人的时间，后者指花费别人的金钱。用别人的时间与金钱终极目标是为了成就我们自己的事业。所以，在我看来，所有的商务技能中，唯独组织力学和行为心理学有必要认真学习。"

他在OPM的运用上有着丰富的经验。他年轻时曾在投资银行工作过，所以他十分清楚创业时需要用到哪些金融手段和方法。

当时，外资基金在收购日本企业时只出一小笔金钱，剩余部分则由通过向银行借款的方式添补上，并且它在借款时所用的抵押物也不是自己的财产，但本金和利息却是由日本企业产出的现金流量来偿还。这就是杠杆收购（LBO），一种“四两拨千斤”式的收购方法。

日本的银行为外资基金提供了大量的资金。结果，外资基金获得了最多的利益，而日本的银行却承担了最大的风险。如果被收购的日本企业一旦破产，则投资给该企业的资金也将一去不复返。但外资基金借款时是以日本企业的现金流量做的抵押，所以即使出现这种情况，它也不用着赔一分钱。

可见，日本人对这些问题的认识较之欧美人还是有着巨大的差距。在敢于冒险且擅于利用金融杠杆谋利的他看来，人生就是一场豪赌。

资产负债表的重要性

他对我强调的另一个问题就是要提高对资产负债表（以下用缩略语 B/S 表示）的重视程度。

他说：“你对 B/S 的掌握必须达到精通的程度。

很多人都知损益报表（P/L），却忽视了 B/S。P/L 表示的是某个‘期间’的‘业绩’; B/S 表示的是某个‘时点’的‘状态’。业绩的累积会形成状态（be），状态的条件会影响实践（do），而实践会影响下一个业绩（have）的产生。只关注业绩（have）就会忽视发展潜力。状态才是创造战略优势的关键。所以，要时刻留意状态（be）的变化。”

他说的那些都是会计和财务的基础知识。不过，这种将 P/L 和 B/S 概念化且广泛应用的思维方式，对当时的我来说还是非常新奇的。

那些善于用发展的眼光看问题的人都非常清楚这个道理，他们会把 B/S 的概念应用到日常生活中去。

比如，消费就是为“现在的心情”买单，投资就是为“将来的发展”花钱。从会计学的角度来说，消费就是 P/L，投资是 B/S。我们一定要培养出自己的 B/S 观。

Chapter2

第 2 章

培养用创造出的价值换取财富的观念

金钱的产生过程

Value to Money：价值源自使命与决心

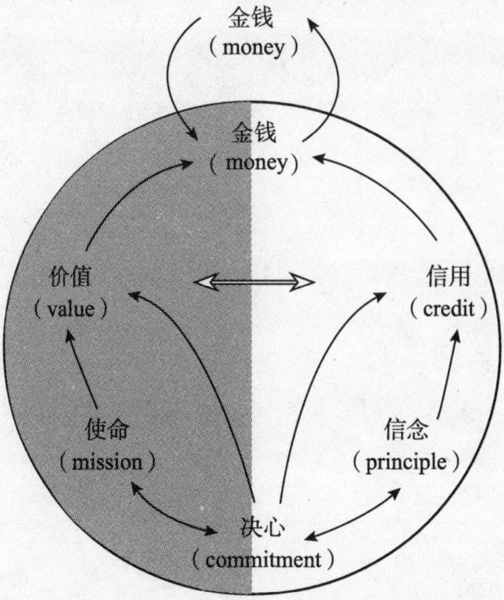

用创造出的价值换取财富，这听上去玄乎其玄。但实际上它并不是件很难做到的事。我们只要从自己喜欢的事做起，就能将其逐步实现。我们应该不遗余力，心无旁骛地去做自己想做的事，并在这一过程中找到各自的人生使命（这个词似乎又给人一种很夸张的感觉）。

个人投资家的淘金热

富爸爸的破产

2000 年日本放宽了网上买卖股票的限制，这一措施掀起了个人投资家的炒股热潮。

没多久，网络证券和新个人投资家应运而生。2000 年 ~2006 年日经平均股价上涨了 50%，不过这并不代表日本经济出现了好转。它只能说明个人投资家购买股票的行为刺激了股市的繁荣。

的确有人炒股发了财，但那毕竟是少数。可媒体一旦报道那些陡然富裕的幸运儿，人们就忘记了他们只是踩在庞大的分母上的小小的分子。而且这些幸运儿的成功几乎是不能复制的。尽管如此，炒股讲座班里还是会有上千人去学习如何炒股。证券公司也趁着炒股的热潮，向个人投资家们出售了买卖股票时所需的诸多参考书目。

当时一位名叫罗伯特·清崎的美籍日本人写了一本名叫《富爸爸穷爸爸》的书。这本书向读者介绍了不靠死工资养家糊口的谋生方法。书中提出的“让钱去赚钱”的观点震撼了许多人。因此，它的系列作品也长居畅销书榜单。

二战结束后的半个多世纪以来，日本人从未对金钱进行过深入的思考。学校也没安排“如何与金钱打交道”的课程。因为战后的日本一直以出口制造业为支柱产业，大多数的日本人也是该产业的劳动者。人们拿到了工资就会把它直接存入银行。结果，日本人并没有过上富裕的生活，对金钱也依旧没有任何概念。

与金钱打交道共分为五个步骤（如图 2—1），即消费、储蓄、赚钱、让钱生钱、促使金钱在世上流通。

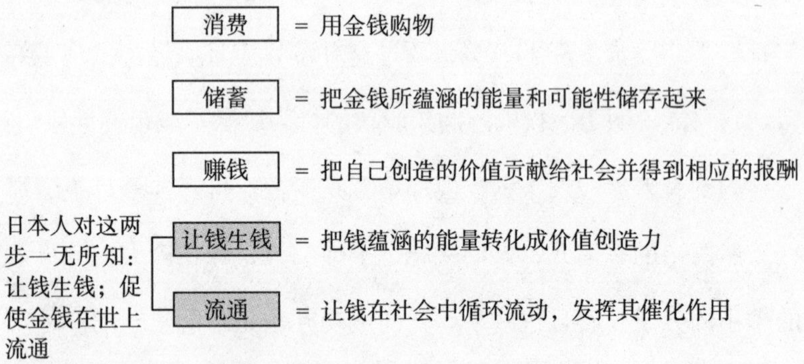

图 2—1 与金钱打交道的五个步骤

日本人能做到的只有前三步，对剩下的两步却一无所知。很少会有人去想“应该让金钱在世面上流通，从而创造更多的价值”。我们常说的投资其实就是成功者向下一个有可能成功的人递交接力棒的行为。

2008年不断膨胀的金融经济终因与实体经济彻底脱节，引发了全球金融风暴。经济的不景气也给我们的生活造成了极大的影响，不少人甚至面临着失业的危险。由此可知，之前人们虽然做到了“让钱生钱”，却没有真正地创造价值，结果世上增长的仅仅是金钱的总量。

随后，网络证券也风光不再。有些网络证券转型成了外汇保证金交易（FX），有些则变成了带有赌博性质的交易活动。日本的市场迄今为止依旧是一个受金融杠杆影响、且以外汇保证金交易为中心的大赌场。

不久后，人们都知道了“富爸爸”其实是作者清崎虚构出来的人物。而且清崎本人的经济来源也是以演讲的出场费和出书的版税为主。2012年，一家为他管理作品的公司破产了。有报道称，那家公司是有计划地破产。但报道是否属实，我也无从知晓。我只知道，罗伯特·清崎虽然发了财，却失去了信用，他的“富爸爸”也变成了“破产爸爸”。

投资者应具备的投资与创业素养

我一直都很想与人探讨投资素养这一问题。我在博客（http://yy.dsigr.com）中以“M&A 达人教您做股票投资”为题，深入浅出地把评估企业价值的方法介绍给了读者。之后，有不少人作出了回应。2005 年，我又出版了一本名为《日本人不知道的新股本》的书，在这本书中，我向读者介绍了如何能在短时间内估算出企业价值的方法。

企业既有看得见的价格（股价），也有看不见的价值。

当时，日本企业的重建工作正在有条不紊地进行着。金融业、制造业、零售业等行业中的大事件也都得到了解决，那些被基金收购的企业也变成了地方的中坚力量，不少外资基金也撤离了日本。

M&A 行业中拥有知识与经验的新一代精英们在此期间纷纷著书立说，为推行自己的理念而奋斗着。应该说 M&A 行业迎来了它的收获期。

可我已经被这个行业折磨得身心俱疲，对行业中处理事务的方式也反感到了极点。加之，我有把投资素养推广给大众的愿望，于是，我果断地和它说了再见。

2005 年末，我辞掉了工作，创立了一家名为“夏尔”的公司。

公司的主要业务是向个人投资家提供与企业价值有关的信息和知识。夏尔即英语的“share”，它既有股票的意思也有分享的意思。公司的宗旨是为企业评估出合理的价格，促进价值与实体经济相符的市场的形成。

我创立公司的初衷就是要推翻“钱生钱的世界”，开辟出一个用创造出的价值换取财富的世界，即 value to money。

公司的主要业务分为面向个人投资家的企业价值评价体系业务、教育业务以及面向法人的 IR 咨询业务。此外，公司还向上市公司提供 IR 咨询和资本政策的建议，为投资者估算企业的潜在价值。

企业价值评价体系利用国际公认的 DCF 估值法（Discounting Cash Flow）评估企业价值。我在网页上公布了 3 700 家上市企业通过电脑自动解析得出的企业股价（如图 2—2）。

凭借已有经验，我只看某企业的财务信息和业务中的定性信息，就能知道该企业的价值，这就像医生通过看 X 光片和病例就能知道患者有什么毛病一样。如果把我会的这些编成一个程序，那么即使是一般的个人投资家也能掌握各家企业的企业价值和相关信息了。

企业实态等情况可以用不同颜色的图表表现出来。这能让人在短时间内就把握住某个企业的形象。

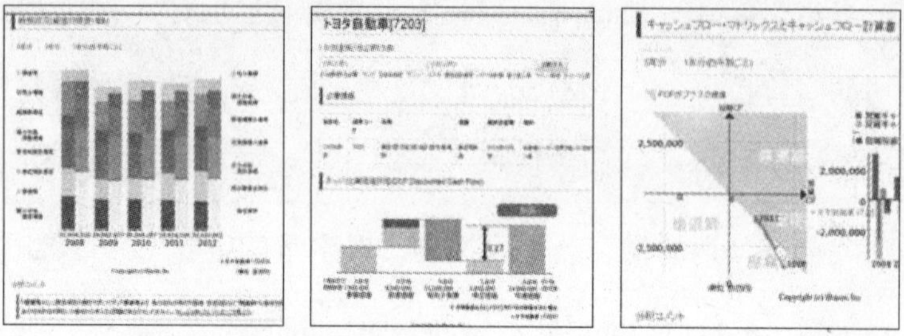

图 2—2　企业价值评价体系（价值矩阵）

我不擅长与人交往。我只有以这种方式增加与人交流的机会，结识新的朋友。而随着朋友的增多，我的事业也渐渐地有了起色。公司也因为我此前出版的作品而大大地提高了知名度，它的关注者也越来越多。同时，我也有了在电视和杂志上讲述企业分析法的机会。

公司的目标是“向 100 万个个人投资者提供正确的知识和信息”，主题是“价值创造”。我创建公司就是为了实现“用创造的价值换取财富”的理想。

我在《创建改变世界的企业》一书中详细地讲述了当时的情况，有兴趣的朋友不妨一读。在网上也可以下载到本书的电子版哦！

为使命而生

独立后的孤独与忍耐

创业初期，我的心中充满了对生活的恐惧与不安。那间小小的工作室与硬邦邦的折叠椅带给我的孤独与自卑，至今记忆犹新。

我曾经也是个做过“大事”的人，可创业初期，我的公司既没有营业额也没有客户，工作条件还十分艰苦。我当时那个落魄的样子实在不想被原先一起工作过的同事看见。其实，我也知道自己当时没什么实力，有那样的想法只能说明我好面子、爱虚荣。

一个人“摸着石头过河”真的是需要极大的勇气。为了给自己加油打气，我甚至求助于曾经敬而远之的宗教，希望通过它的教义使自己振作起来。

在此之前，我真的没做过领导。无论是在学校还是在俱乐部，我都只是个军士的角色。我没有强大的人格魅力也没有感召力，而且也不善于经营。

尽管如此，我也必须做我想做的事。出于对“钱生钱的世界”的质疑，对企业与钱的思考，以及辞职后只能背水一战的境遇，再苦再难我也要坚持下去。

于是，我咬紧牙关打拼了5年。**为做成一件“想做的事”，我要先做完十件“不想做的事”**。只有把难关一一攻克，事业才有望成功。与社会“脱节”的这段日子确实非常辛苦，可我却切切实实地感到“自己真的没白活一回”。

没有想做的事，就做该做的事

刚刚起步的创业者之所以不能被称为创业家，是因为只有那些把理想付诸行动，并将工作做好的人才会被人称为创业家。**创业源自想实现理想的迫切心情**。这种心情就像飞机起飞前漫长而迅速的助跑一样，飞机只有完成这段助跑才能在浮力的作用下一飞冲天。

因此，创业不是有计划的按部就班，而是在某种冲动的作用下发生的。

如果你想创造价值，想生活在用创造的价值换取财富的世界里，**首先就要做自己“喜欢的事”。如果没有特别喜欢或者想做的事，那就做点该做的事**。而最“该做的事”就是为社会做贡献。如果你不知道自己有什么才能，能为别人做些什么，哪怕去给别人帮个小忙也是好的。你的所作所为就算暂时赚不到金钱也不要紧。因为你对社会做了贡献，贡献会产生信用，信用会影响你的社会形象和未来发展。当信用积累到一定程度时，你就会迎来“天降大任于斯人也”的一天。

不要好高骛远，先把手里的工作做好。上天派给你的使命也许难以言状的，它也许只是一种微妙的感觉。

每个人都有创造价值的能力，工作只是用才能换取报酬的“作业”而已。

世界其实是一块大拼图，我们每个人都是其中的一小块。为了能让自己在整体中发挥作用，我们就要客观地评价自己，并努力找到自己在这块大拼图中的位置。

我记得大导演宫崎骏曾在访谈节目中说过：“我只是才能的奴隶。”他那忘我工作的样子其实正是专业精神的体现。

专业精神是神圣的。具有专业精神的人能够充分地思考客户、社会与自身的关系。他们为了完成各自的审美理念与使命努力地工作着。

我也想成为那样的人，也想**把使命变成价值，再用价值换取金钱**。可以说，完成使命其实是最高效、最有意义的“赚钱”方式和创造价值的方式。

在图2—3中，金钱的产生过程的左下角就是使命。它也是“用创造出的价值换取报酬”的世界和“钱生钱”的世界的最根本的区别。使命与决心相结合，得到的就是价值。

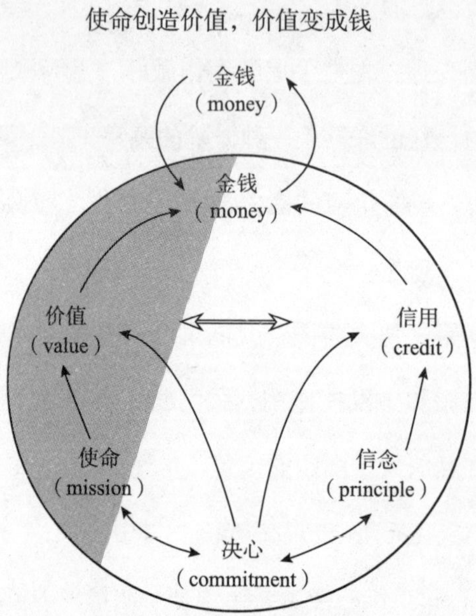

图 2—3　金钱的产生过程

不是寻找使命，而是消除杂念

我们该如何找到自己的人生使命并为之而奋斗呢？这听起来像是一件很难做到的事。

我再给大家讲个毕加索的故事。

毕加索到某家餐馆吃饭时，有个侍者请他在餐巾纸上画画，并承诺会付金钱给他。

于是，毕加索在 30 秒内画了一幅小画，然后笑着对侍者说：

“这幅画要 100 万哦。”

侍者大吃一惊，问到：“怎么那么贵？您画它才用了 30 秒啊！”

毕加索回答：“你错了。我画它足足用了 40 年零 30 秒呢。”

毕加索当然只是和侍者开了个玩笑，但他想告诉我们的是：

事物真正的价值是以下三者累加起来的总和，即个人的才能、持之以恒的努力和为社会做出的贡献。所以，我们不能仅看眼前的结果就轻率地对它得出结论，要深入地挖掘它的本质，探究它产生的原因。

从这个道理来讲，金钱就是价值的表现形式。我们应该关注的是事物的价值，而不是它的表现形式——金钱。

我们怎样才能找到自己的人生使命呢？你无需踏破铁鞋寻寻觅觅，要坚信功到自然成。因此，我们首先要消除自己的私心杂念，彻底地净化心灵。专业精神越高的人就越谦虚低调。这是因为他们已经在工作中排除了自己的杂念。

我们必须要把握并设计自己的人生。design（设计）一词中，de 是排除、消除的意思，sign 是塑形的意思，所以它的拉丁语本义就是“消除杂念，打磨本质”。

只有在纯净的心灵的引领下，我们才能义无反顾地为使命而战。这是为社会提供价值的最佳方法，你也会通过这种方法得到相应的报酬。

消除杂念，为使命而生的秘诀就是过“清净无欲”的生活。

“清净无欲”是要求我们保持客观中立的态度。即不为世俗观所累，不拘小节，放下无意义的意识形态之争。

我们生活在这个瞬息万变的世界上，最重要的既不是去征服什么，也不是去战胜自己的假想敌，而是要和其光同其尘，牢记自己的使命，过最简单的生活。要知道“清净无欲”之心是不会阻碍你的成长的。

简单的生活就是有规律的生活，有好习惯的生活。我的家里只有些基本的生活用品，奢侈品一件都没有。为了保持这种生活，我需要养成良好的生活习惯。

我在购物时有个“123原则”：“1”就是一次只买一件东西；“2”就是看见喜欢的东西不要马上掏金钱，要等头脑彻底冷静下来再判断到底要不要买，如果确实有必要，就等下次过来的时候再买；“3”就是货比三家。我在购物时只要遵循这个原则，就能少买不少没用的东西。

我们购物是为了满足内心的情感。可情感会随着时间的流逝而逐渐变淡。我们也只能记住自己真正想要的东西。所以，购物只买实用的、重要的就行了。

21 世纪的关键词不是“占有”而是“使用”。人们会渐渐地放下钱财、房子、车子和应酬等身外之物，会越来越重视自己与外界接触时的便利度和顺畅感。

我们就像是云计算环境中的计算机个体。在这种情况下，我们不需要给自己存储很多知识和信息，只要保持“联网”的状态就足够了。

为什么价值与价格不一致

兼具价值和信用的东西才有价格

我还是接着讲有关夏尔的故事吧。

我把夏尔的运营经费理解得很简单，就是“把生产出的价值贡献给社会，并得到相应的报酬”。我在公司内部和各种咨询活动中不断地向大家强调价值创造的重要性。我在股票投资中主张，企业应使“价值和价格相一致”；我在咨询业务中也提醒客户要重视产生价值的源泉，并提示他们在此基础上调整业务结构，应用执行组织，要用创造出的价值换取财富（利益）。总之，“价值就是一切”。

可尽管如此，在现实中价值和价格之间还是存在着很大的差距。

如果用先前提到的DCF估值法去计算“价值”的话，那么价值就会与价格脱节（如图2—4）。

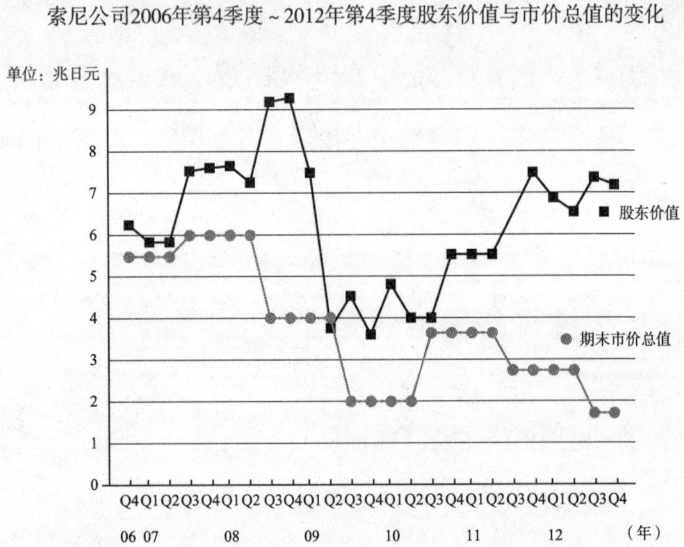

图2—4　价值（股东价值）与价格（时价总额）的脱节

资料来源：价值矩阵 http://www.valuetionmatrix.com

正因为二者间存有差距，所以投资家才能从中获利。股票投资的关键就在于找到价值与价格的差距。我把这个差距叫做市场的“偏差”。股市也有偏差，也有出问题的时候。

当然，也有不能用上述道理解释的价值与价格长期脱节的情况存在。不过，如果是长期脱节的话就不能叫偏差了。

那么导致价值与价格长期脱节的原因又是什么呢？

我认为这是因为企业间的信用差。

两家企业在企业价值、财务的稳定、业务的成长性相同的前提下，如果上市企业的证券交易市场规模不同，则二者的股价也将不同。也就是说，市场规模大的企业，其股价相对较高。二者的价格差，其实就是二者的信用差。

如果将收益性、成长性、健全性相同的东证一部和 JASDAQ 店头市场相比较，东证一部的企业价值是其股价的 1.5 倍，店头市场的价值是其股价的 2 倍（此数据源自 2012 年 12 月 10 日我为利润增长率达到 10% 以上、资本收益率达到 10% 以上、自有资本比率为 50% 以上的 57 家企业所做的数据分析）。

可见，即使是情况大体相同的企业，店头市场的股价也比东证一部的要低得多。其原因就是东证一部是大型市场而店头市场是小型市场。二者的信用度不一样（也不排除其他原因，比如店头市场多为小市值品种，金融机构出于效益的考虑，是不会给它做大型投资的）。

在企业实体价值不变的情况下，提升企业的信用也能使股价一路飙升。

像柏青哥和消费借贷等口碑差的行业，尽管也能赚得一些利润，但股价却不会很高。究其原因，是因为这些行业存在着高风险，其信用度并不那么高。

因此，企业无论是给教科文卫做赞助，还是致力于 CSR（社会责任），都是为了提升自身的信用度。虽然信用度不能用数字精确地表现出来，但你可以通过企业股价的高低做出初步的判断。如果一个能创造价值的企业没有信用，它的股价就不会很高。

在日本，信用是评价企业优劣的一个重要标准。

日本应该转型成一个注重信用积累的社会，这比单纯的价值生产要重要得多（如图 2—5）。战后的日本虽然号称是民主国家，可民众的意识中依旧残存着浓厚的封建思想。金钱的流通也是从财务部开始，经由金融厅、都市银行流向中坚企业、中小企业和个体商户。在日本，金钱流通的方向是一成不变的。经济学家们都惊异于日本通货膨胀目标的高实现率，可这在日本却是必然。因为日本的金融领域也受高度集权思想的控制，金钱的流通当然也只能是按照政府的意愿了。

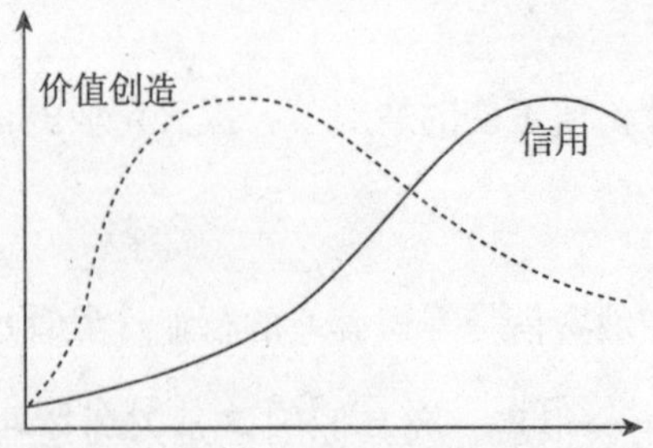

图 2—5　日本社会价值与信用示意图

在日本，市场提供给发展中的小企业、风险企业的资金还不到资金融通总量的 1%。而大型企业无论做什么都能得到最多的资金。

创业中最困难的时候就是超越阈值的一刻。这时的企业就像是一个只差一步就能登上山顶的人一样，而往往这最关键的一步就是资金。可在企业跨越这个难关之前，它既不能显示出自身的价值，也没有积累到足够的信用，出资与融资都非常困难。

没资金的企业想突破阈值就只能靠毅力与耐力。日本政府特别钟爱鼓励民众提高自身的毅力。倒不是说毅力真有那么神奇，而是因为政府没有足够的资金去帮扶众多需要帮助的企业。因此，企业想站稳脚跟，就只能靠毅力与耐力了。

可是大型企业即使不能创造价值，政府为了维持它的运转也会拨款给它。政府曾为了不让某大型半导体厂倒闭，不惜投入了大量的税金供其“苟延残喘”。

在这样的国家里，传统型企业很容易得到银行的融资（间接金融），而创新型企业则很难得到投资家的权益融资（直接金融）。

为什么毕业于哈佛商学院的人更易成功

乐天董事长兼 CEO 的三木谷浩史、DeNA 的原 CEO 南场智子、

LifeNet 生命人寿保险公司的副社长岩濑大辅等人都毕业于哈佛商学院（HBS）。他们为什么能成功？他们成功的共同点是什么？在回答这个问题之前，让我们先来看看他们的诚信观。

他们在创业中选用的事业模式和经营模式都可谓是前无古人的创举，这也使他们成了众多冒险家的偶像。三木谷浩史的成功是由于他能为众多网店店主提供每月仅需缴纳 5 万日元月租的网店系统；南场智子在访谈节目中说，刚创业时她每月都有数千万日元的赤字，可即便如此她也未曾放弃；岩濑大辅则以低廉的价格在网上卖保险，而他的企业也于 2012 年 2 月成功上市了。但我认为，他们的成功不是我们这些普通人随随便便就能复制的，因为风险太大了。

而且，他们的成功全靠的是毕业于哈佛商学院的好名声。

一般的风险企业就不能借鉴三木谷浩史的成功经验。因为他并不是靠高超的经营策略获得的成功，而是凭借从日本兴业银行到哈佛商学院的过程中积累的高信誉与雄厚的资本而一举成名的。

同理，LifeNet 人寿保险公司能把保险金的价格降下来，也是因为该公司最初就有 130 亿日元的创业资金。有这些资金做担保，就算出现一点亏损也不会动摇公司的根本。否则，这家公司可能早就因为不断扩大的赤字而关门大吉了。

你也许会认为LifeNet生命人寿保险公司是以互联网卖保险的方式获利的，因为这样可以降低雇用职员的成本。但你如果这样想，就说明你还没有找到它成功的根源。除了网络，人们通过电话也可以进行异地交易。而这家保险公司在电视上打广告的花销也可谓耗资巨大。它之所以能成功，主要是因为它是一家新公司，不像那些老公司需要背负沉重的业务成本。

但这家保险公司为什么能得到一大笔创业资金呢？是因为“在网上卖保险”的策略好吗？还是因为在创业的最初阶段就有投资家和专业人才的加入吗？我对这些没做过调查，也不好妄下定论。我只知道这家公司能获得大笔资金是得益于其信用的积累。

不是说业务手段、经营策略不重要。而是说我们应该意识到“信用”对于企业的重要性。

如果你没有哈佛商学院的文凭，没有足够的信用积累，还铤而走险地模仿他们的成功，那么等待你的就只有失败了。我们要向他们学习创业之前积累信用的方法，比如上一流的学校，加入一流的企业，这都是积累信用的好方法。

我看到这样一则新闻：一位著名的小提琴家在地铁站内演奏小提琴，一天下来，他比其他小提琴演奏者多赚了很多钱。“打铁还需自身硬”，他的琴技当然是毋庸置疑的，但如果他不是个名人，恐怕也不会有那么多人来听他拉琴。

所以，我们首先要把握好价值和信用的关系，然后再去考虑如何获取利润。

南非共和国的戴·比尔斯集团为了保证钻石的价格与品牌，把严控钻石的供给量设置成了经营上的主要课题。对政治家来说，除了能力与实力，出身是重要的；对找工作的学生来说，学历是重要的；同理，对消费者来说，商品的品牌和知名度也是重要的。

所以，我们一定要重视价值与信用的关系。

金钱就是信用

我创业是为了用创造出的价值换取财富，为了能在将来的某一天实现使价值与价格相符的愿望。而就我目前从工作中汲取到的经验来看，金钱和信用有着很大的关系。

后话　企业出售、挫折、闭关修炼

受挫折是好事

在我身体出问题的同时，我的公司也遇到了困难。

2010年，我为了维持公司的正常运转，不断地寻找股东。几经努力，终于有两家公司愿意为我的企业投资了。我赔着笑脸去六本木新城会员俱乐部做最后一轮谈判，结果却失败了。无奈，我只能退掉东京的房子，回老家休养一段时间。

那时，我虽然没有工作，却也学会了不少新知识，悟出了不少道理。

比如，我从弓道[①]中领悟到了禅的精神，即处于“存在”状态的神圣性，它要求我们要面对现实，要脚踏实地地生活。后来，我通过去京都禅寺坐禅，对这个道理领悟得更加深刻。不过，我的射术却完全没有进步。

我的小学同学借给我一块地，我用它做农活，并从中重获了生命的活力。大城市的生活几乎让我五感

① 弓道是日本传统的一种竞技运动，也是一项源远流长的古武道。弓道的基本要求，是运用和弓把箭射到标靶（的）之上，而当中涉及的动作、修养、精神力、礼仪等，都能充分锻炼弓手的身心。——译者注

尽失。我们知道，人除了五感还有很多重要的原始本能。如果我们长期不用身体去感知世界，那么我们的身心就会失去平衡。人的大脑中有一种物质叫血清素，它能使人获得轻松愉悦的心情，使人感到幸福。血清素会在玩泥巴时大量地分泌出来。我虽在务农期间收获了大量的血清素，却没能收获到一棵白菜。

我还常带着父母（特别是妈妈）参加各种国内外旅行。因为我和父母分开了十年，所以我和他们的生活习惯也有很大的差距，往往一点儿小事就会引发我们之间的争吵。但最后我总会在与二老的磨合中和解，我再次学会了说“谢谢”、“对不起”。这是活在这个世界上必须要会的两句话。

老实讲，我现在也不愿意承认自己的失败，我依然觉得那是件很丢脸的事。我不相信“失败是成功之母”。对我来说，失败就是失败，挫折就是挫折，没什么可掩饰的。

不过挫折也不是坏事。比起那些顺风顺水的幸运儿，有过卧薪尝胆经历的人才更懂生活。美国风险资本在投资时会询问创业者的失败经历。因为他们认为人不会在同一个地方绊倒两次，所以给有失败经历的人做投资风险相对较小。

不过失败更重要的意义是：它是你活在这个世界上的证明，它能让你清晰地意识到“我还活着”。

世界上有很多重要的事，比如赚钱，工作，搞政治，关注 IT 业的未来发展，预测国际形势的变化，解决国债与退休金的问题，孩子的升学，年轻人的就业，等等。但做这些事的前提是，我们得保证自己活在这个复杂多变的世界上。只有活着才有机会去解决这些问题。莎士比亚说：“神在造人时就赋予了我们各种缺点。”所以只有不是完人的人才是真正的人。我们虽然会为自身的缺点感到难过，但也会想方设法地改正它。而改正缺点的过程也正好可以证明我们的存在。我从老家返回东京的前一天，父亲对我说：“要好好地活着。有没有目标，能不能做成大事业都无所谓，别把自己逼得那么紧，遇事别钻牛角尖。”

幸福是无条件的

什么叫“好好地活着”？创业对我的意义既不是

提高经营技能，也不是获取的那点蝇头小利。它让我懂得了幸福的真谛，即一种清净无欲的状态。

幸福是不需要条件的，但做工作、处理人际关系却需要附加条件。这些附加条件其实就是不安与惶恐的象征。它要求当别人为我们做了什么时，我们出于平等互惠原则，也一定要为对方做些什么。这样处事让人觉得很累，而且也不能达到很好的效果。

做事时不要有任何私心杂念，要发自真心地去完成它。你以这种心态做事，就一定会有所收获。

消除杂念、明确使命的方法就是“清净无欲”。让自己体会到存在感、幸福感，享受到爱与被爱的必要条件就是对外物无所求。每个人都有被爱的资格，这无关我们的工作能力、业绩或者其他的指标。

这些道理都是我在事业上小有所成之后领悟到的。

我说的这些在你看来也许不足为奇，但它却是我走了不少弯路之后才领悟到的，对我有着重要的意义。

Chapter3

第3章

开辟企业和个人均能发行货币的新世界

金钱的产生过程
Credit to Money：你也能发行货币

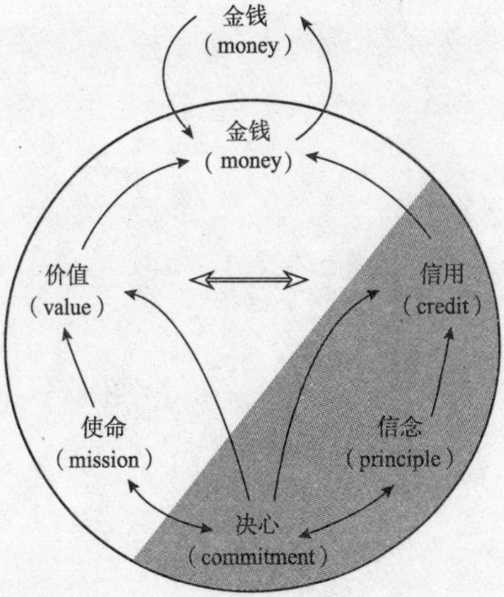

目前，金钱能在世面上流通是因为有国家在为它做信用担保。可在不久的将来，国家能起到的作用会越来越弱，而企业和个人的信用会日益增强。于是，企业和个人均能发行货币的世界也就离我们不远了。无论你能否接受这样的现实，人们都会更加关注企业和个人的信用度。因此，我认为积累信用是非常重要的。那么，什么叫信用？该怎样积累信用呢？

金钱是如何在世上流通的？

事业就是创造价值与信用的游戏

在第 2 章中，我们已经知道金钱既是价值创造的结果，也是量化的信用。我们要管理的是自身的信用度，而不是金钱的数额。

我在经营公司时，最重视的是维护公司的信用，盈利赚钱倒是其次。当然，我也有其他轻轻松松就能赚到金钱的方法。朋友们也劝我用企业分析能力去搞投资。他们建议我去做基金、搞并购。这些建议偶尔也会干扰我对理想的追求，但还不至于动摇我的决心。

我坚持做中介业务也是为了实现创办公司的初衷，即提高 100 万人的投资素养。我放弃赚大钱的机会，就是为了改变目前世界上投资的大环境。

中介的信用就是要保持自身的透明度。如果我的公司表面做中介，暗地里搞投资，那么就算我把保密工作做得再好，世上也没有不透风的墙，到头来公司终究会难以维护自身形象。而且，做投资就很难保证中介的中立立场，也会诱发我的客户（个人投资者）与企业发生利益冲突。

我在经营公司的 5 年里，也曾面临过不盈利的严峻考验。即便如此，我还是坚持原则。所以，虽然有些客户对公司的技术层面不满意，但却没有人批评过公司的分析能力。

我相信我的公司一定会在诚信为本的理念下发展得更好，走得更远。

那么，什么叫事业？德鲁克指出“事业是创造客户”。可我认为“事业是创造信用与价值的游戏”。

做事业时，我们除了会获得短期利益，更要将利益背后的信用摆在首要位置。

进化来的金钱

在解释信用的定义与讲解如何积累信用之前，我们首先要搞清楚是什么在维持金钱的信用，它是怎样发展变化的。只有在了解和金钱的信用有关的知识之后，我们才能把握金钱的本质，改变与金钱打交道的方式。

平时，谁也不会去思考是什么在为金钱的信用作担保。

有人觉得，能为金钱的信用做担保的是各国的中央银行，如日本银行、美国联邦储备银行（FRB）等负责发行、管理货币的机构。在他们看来，金钱的信用是由国家作担保的，但这样的经济结构能永远地持续下去吗？这或许永远是个未知数。

当金钱还没有出现在这个世界上的时候，人们是怎样证明自己的信用的呢？

那时，部落间互通有无的方式是物物交换。

住在海边的 A 部落的人带着鱼去交换场。交换场是个很神圣的地方，只有德高望重的人才能涉足。A 部落的首领把鱼放在交换场的案台上，然后悄悄地离开。住在山里的 B 部落的人带着肉来到了交换场。如果 B 部落首领满意案台上的鱼，就会把肉放下再回去。之后，A 部落的人会过来检查 B 部落的肉，如果满意就会把肉带走。最后，B 部落的人才能把鱼带走，交易才算成立。

原始社会时，部落间的交易流程就是这么繁琐。信用体现在严密的交易过程、备受信赖的部落首领和神圣的交换场地等几个方面。首领和交易过程是信用产生的基础，而且，只有在双方都满意的条件下交易才能成立。人们为了保证交易中的信用与价值相匹配，真可谓煞费苦心。

后来，金钱作为信用与价值的担保物，作为使交易顺利完成的工具登上了历史舞台。结果，人类也进入了社会分工多样化的社会。人们有时用物物交换的方式完成交易，有时则直接用金钱购买所需品。不过，当时物物交换依然是主要的交易方式，金钱只能起到中介作用。

再后来，人们越来越倾向用金钱购物了。于是金钱这个购物用的工具也有了指示价值的作用。可见，物的价值是金钱的价值的基础和保证。这也是货币经济的起源（如图 3—1）。

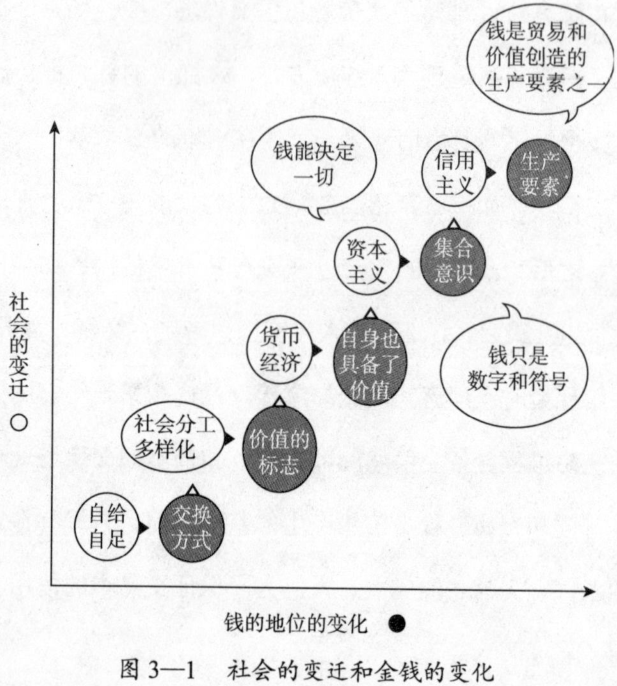

图 3—1 社会的变迁和金钱的变化

货币经济时代，人们首先选择了金银等矿物质铸造货币。

可是不久之后，金钱表现价值的功能与自身的流动性（交易的可能性）就远远地超过了它担保价值与信用的功能。结果，金钱就不仅仅是价值和信用的担保物，其自身也有了价值。

比如，有的企业在破产后失去了价值，它的股价也跌到了100 日元以下。这就说明企业实体虽然没有价值了，但它在交易中产生的流动性却依然具有价值。同理，人们都认为金钱有价值，所以，金钱能作为价值的担保物在世面上流通。

这样一来，金钱反倒比物还重要了。人们不再看重有价值的物，只一门心思想赚到更多的金钱。

实际上是人们赋予了金钱太多的意义，为了证实它的意义又设置了很多很多的机构，同时，40 多年前金本位制的崩溃大大地刺激了人们对金钱的追求。

现在，货币的发行量已经远远大于实际物品的价值了。所以实体经济和金融经济的规模也出现了逆转。还记得，我在第 1 章中向大家介绍了 2008 年金融危机的情况吧，由图表可知，世界上金钱的数额已经超过了实体价值的 8 倍。

如不对货币的发行加以控制，那么金钱就越来越无法表现物品的价值和信用。

金钱之所以可以为自身做价值担保是因为人们都认为它有价值。

当然这其中也有负责货币发行与管理的机构的“功劳”，比如中央银行。但中央银行的能力也是有限的。

我在开篇讲过国家与货币发行的关系。过去，国家在人们心目中一直都是很重要的存在。可近几年国家的存在感也不像以前那样强烈了。

世界由三个层面构成

国家的衰亡

虽然谁也不知道未来世界的样子，但我们一定会迎来一个新的时代。新时代出现的前提是国家这个共同体将处于消亡的边缘。

大多数发达国家所负债务超过了其 GDP 的 100%，日本则超过了 200%，均处于破产状态。而随着技术与网络在世界上的发展与普及，从 19 世纪到 21 世纪，会讲英语的人从 300 万人增长到了 20 亿人（如图 3—2），英语成了国际通用语言。资本主义的高度发展必将实现货币价值统一化，而作为文化、制度、法律的载体 —— 国家，也将日渐走向衰亡。

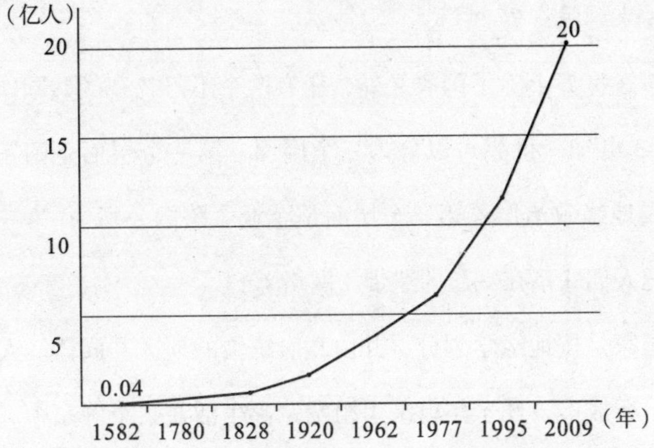

图 3—2　英语使用人数与学习人数的激增

资料来源：http://knol.google.com

国家之间虽然有边境线，但以后个人办理出入境手续会越来越简单。低成本航空公司（LCC）也会为人们提供更为廉价的出行方案。所以，出国会越来越容易，我们的生活也会越来越便利。购物也将如此。我们可以在亚马逊商城买到世界上任何产地的商品。

人才、物资、文化都将冲破国家的限制而自由地流动。可见国家的威信将会日渐下降，它很难再为货币的信用提供保证了。

包括雷曼事件后的金融危机在内，诸如美国国债暴跌，希腊等欧洲国家财政问题频发，日元的升值与贬值，等等。这些现象并不能表示金融体系的崩溃，它只能说明人们对“国家”这个共同体越来越没有概念了。

不过世界上除了国家之外，还有两个不可忽视的共同体。由图 3—3 可知，世界可以分为三个层面：第一个层面是国家（政治）属地缘政治层；第二个层面是企业（跨国公司）；第三个层面是把人们联系在一起的纽带（网络）。

国家是按地缘学划分，并由政府统治的地区共同体。人们考虑到出行成本，几千年以来祖祖辈辈都生活在某个国家中。可现在人们出行方便了，国家的存在感也不像以前那样强烈了。

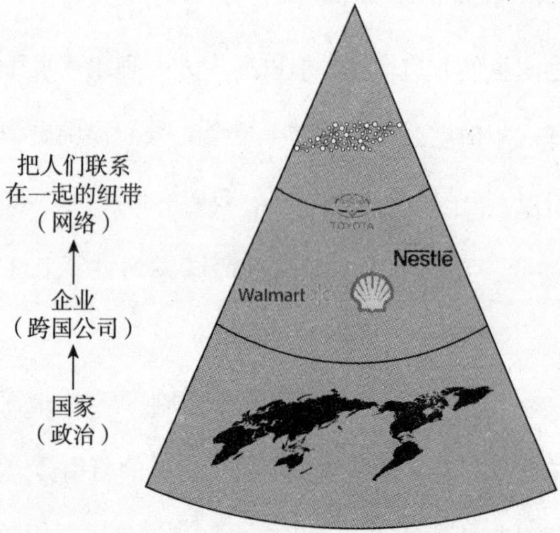

图 3—3 世界的三层构造

而企业（国际化公司）的存在感，正以超乎人们想象的速度不断地提升着。通用电气公司（GE）的建设非常完善，从医疗保健到教育福祉，各种机构一应俱全。苹果公司现金和存款的总量比美国政府的还多，这是真正意义上的富可敌国。

日本企业也在全球化的过程中茁壮地成长着。优衣库快销集团和乐天都要求员工在公司内部使用英语交流。此外，它们还录用了不少以中国人为主的外国留学生。从这些现象中，我们可以得出这样一个结论，即企业已经冲破了国家的束缚，能够在更广阔的环境下发展了。

一些日本企业已经不再认为“自己属于日本”（当然，他们也很想为日本做贡献）。公司内部用英语交流其实还是些细枝末节的表象，实质则是企业展现出了向全球化宣战的新共同体的姿态。

在国家机关工作的人也许并不能接受这样的现实，他们依然会顽固地认为“日本企业必须是日本的”。当他们站在国家的角度上，得知企业要向国外转移，就会用降低法人税的方法打压企业。可遗憾的是，他们的做法只能对企业造成短暂的影响，并不能改变企业日益强大的命运。

此外，把人们联系在一起的纽带——网络，也是随着互联网的出现以惊人的速度成长起来的新事物。

1991年8月6日第一个网页问世了。从此互联网仅用了20

年时间就覆盖了世界的每个角落。现在，世界上有 196.8 亿个网页。涵盖全世界 90% 以上信息量的网络已经能够记录人们的生活经历和人际关系等有机信息了。

社交网络能将人际关系透明化、加强化、组织化。终有一天，网络将成为我们的简历，成为个人信用的源泉。

也许 Facebook、Twitter 等服务个体会有下线的一天，但人们的交流与沟通却不会因此而止步不前。未来的某一天，网络这个共同体将会代替国家，接管法律、教育、医疗、福利、市场等和公众事业有关的一切。

三个层面的信用争霸战

上文中提到的三个层面其实是平等的关系。

2010 年 8 月，大型文档泄露及分析网站维基解密的创始人朱利安·阿桑奇被捕入狱。为了逮捕他，以美英为首的诸多发达国家组织警力联合行动，并为此倾尽全力。可这样的大案要案却以虎头蛇尾的方式草草收场。在对阿桑奇审讯的笔录中，我们只能看到“我在瑞典性侵犯某人时没带避孕套”之类的供词。虽然维基解密组织被取缔了，但这件事说明了一个怎样的问题呢？

事实上，此事的关键不在于阿桑奇是否应以刑事罪或民事罪被拘捕，也不在于机密泄露是否威胁了国家的安全，更准确地说，这是一场国家与把人们联系在一起的纽带——网络间的较量。

许多国家觉察到了网络带来的威胁，因此才合力逮捕了阿桑奇，这才是这个事件的本质所在。

今后世界上的战争将不再是国家间的争斗，而是国家、企业与网络围绕信用来展开的大型争霸战。

丰田与沃尔玛发行的“货币”比国家还要多

21世纪跨国公司将取代国家成为新的共同体。企业会把武装力量、信息资源和各种服务性机构从国家手中接管过来，以增强其自身的存在感。可以说，跨国公司无论从税务上还是人事上都会从国家的保护伞下走出来。

当然，企业也能独立发行货币。

企业的信用是以其强大的经济实力作保障的。

世界GDP排行榜中第1位是美国，第2位是中国，第3位是日本。第25位是沃尔玛，第29位是荷兰皇家壳牌集团，第41位是丰田汽车。2010年世界GDP的前100名中，企业占了40%以上（表3—1是牛津大学的琴坂将广对企业的世界分工所做出的分析）。

如果以跨国公司的经济总量为前提，那么丰田、沃尔玛等企业发行的货币所隐含的信用，要比非洲一些小国家发行的货币隐含的信用还要高。当企业挣脱国家的束缚走向世界时，其通用性会更容易提高。

目前，企业的信用创造还只是一种促销手段。比如，积分卡上的积分实际上也是企业通货的一种。我们平时从日本航空（JAL）里程套餐和购买家电时都会获得不少积分。这些积分蕴藏着极大的破坏力和可能性。积分虽然看起来不起眼，可在2005年时，它已经相当于4 500亿日元了，预计将来能上升至数兆日元。

日本企业货币的主要发行机构是铁路公司和零售业，它们都有2 000多万的会员。这样的企业在不久的将来就能自主发行货币，并形成独立的经济圈（如表3—2）。

与现在的货币一样，这些企业为了保证自己发行的货币有价值，就要保证自身有强大的经济实力。

有些老牌企业的金融业务做得比本体组织工作还要好。比如，日本航空公司破产时，它的附属产品日本航空卡却没有受到任何影响。大荣公司旗下的金融分公司也比总公司的收益性要好得多。

表 3—1　世界 GDP 排名前 100 的国家 / 地区以及企业

名次国家	地区企业	GDP 收入或企业营业额（10 亿美元）	名次国家	地区企业	GDP 收入或企业营业额（10 亿美元）
1	美国	14 657.80	27	奥地利	376.84
2	中国	5 878.26	28	阿根廷	370.27
3	日本	5 485.87	29	荷兰皇家壳牌	368.06
4	德国	3 315.64	30	南非	357.26
5	法国	2 582.53	31	伊朗	357.22
6	英国	2 247.46	32	埃克森美孚	341.58
7	巴西	2 090.31	33	泰国	318.85
8	意大利	2 055.11	34	丹麦	310.76
9	加拿大	1 574.05	35	希腊	305.42
10	印度	1 537.97	36	阿拉伯联合酋长国	301.88
11	俄罗斯	1 465.08	37	英国石油	297.51
12	西班牙	1 409.95	38	委内瑞拉	290.68
13	澳大利亚	1 235.54	39	中国石油	290.11
14	墨西哥	1 039.12	40	哥伦比亚	285.51
15	韩国	1 007.08	41	丰田汽车	241.97
16	荷兰	783.29	42	芬兰	239.23
17	土耳其	741.85	43	马来西亚	237.69
18	印尼	706.74	44	葡萄牙	229.34
19	瑞士	523.77	45	中国香港	225.00
20	波兰	468.54	46	新加坡	222.70
21	比利时	465.68	47	中国石油天然气	222.26
22	瑞典	455.85	48	埃及	218.47
23	沙特阿拉伯	443.69	49	尼日利亚	216.80
24	中国台湾	430.58	50	以色列	213.15
25	沃尔玛	421.85	51	爱尔兰	204.26
26	挪威	414.46	52	智利	203.32

续前表

名次国家	地区企业	GDP 收入或企业营业额（10 亿美元）	名次国家	地区企业	GDP 收入或企业营业额（10 亿美元）
53	捷克共和国	192.15	77	卡塔尔	129.49
54	切夫隆	189.61	78	匈牙利	128.96
55	菲律宾	188.72	79	福特汽车	128.95
56	道达尔	188.37	80	巴西石油	128.45
57	EDF 法国电力集团	187.66	81	惠普	127.16
58	康菲石油	179.16	82	日本电信电话株式会社	125.70
59	巴基斯坦	174.87	83	怡安集团	125.31
60	壳牌贸易	174.11	84	安联集团	124.28
61	大众汽车	170.13	85	美国电话电报公司	124.28
62	安盛公司	164.94	86	家乐福	120.49
63	罗马尼亚	161.63	87	俄罗斯天然气工业股份公司	117.83
64	阿尔及利亚	160.27	88	日立	116.49
65	秘鲁	152.83	89	忠利保险公司	116.32
66	通用电气	150.21	90	GDF 苏伊士集团	113.28
67	嘉能可	144.98	91	雀巢	111.97
68	新西兰	140.43	92	本田汽车	110.97
69	哈萨克斯坦	138.43	93	麦克森	109.87
70	三星电子	137.95	94	松下	109.10
71	乌克兰	136.42	95	怡安贸易	108.39
72	伯克希尔·哈撒韦	136.19	96	弗莱森电讯	106.57
73	通用汽车	135.59	97	日产汽车	105.50
74	埃尼集团	132.72	98	鲁克石油	104.96
75	科威特	131.32	99	孟加拉	104.92
76	奔驰汽车	131.09	100	西门子	104.53

表 3—2　主要企业发行的电子货币的普及情况

企业	运营单位	发行量（万张）	可使用的场所（个）	月结算量（万件）
乐天 Edy	乐天 Edy	7 400	350 000	3 100
Suica	东日本旅客铁道	3 926	195 670	6 049
WAON	永旺	2 990	156 000	6 720
PASMO	PASMO 协议会加盟事业者	2 169	140 000	1 835
Nanaco	Seven&I 控股股份公司	2 103	119 300	7 400
iD	NTTdocomo	1 786	571 000	1 989

注：本数据来自日本经济新闻社截止到 2012 年底的调查结果。其中 Suica 的结算量也包括 Nimoca 等交通卡的结算量。

那些能发行货币的公司会在将来结成一个联盟。它们会通过流通积分来提升企业的价值。

这种联盟不是在某个产业或某个行业中形成的。它会存在于信用度相似且功能互补、并受消费者青睐的几个公司之间。

今后，企业将成为信用的载体。虽然企业业务的具体内容是可以改变的，但想要得到高知名度和来自社会的正面评价却没那么容易。

对跨国公司来说，加入信用创造后的第一次联合是其今后的生存的重要条件。如果不能加入第一次联合，就要想办法加入第二次联合。

现在兑换不同国家的货币要用到汇率。当企业能发行货币时，世界上就会出现企业货币的兑换机构。兑换机构为了保证兑换的顺利进行，会与新用户等级评定公司和保险公司合作。未来，人们在消费生活中会与企业保持更加稳定的关系，企业也将成为人们生活的基础，人们对国家的认知也会被企业的形象所取代，如图 3—4 所示。

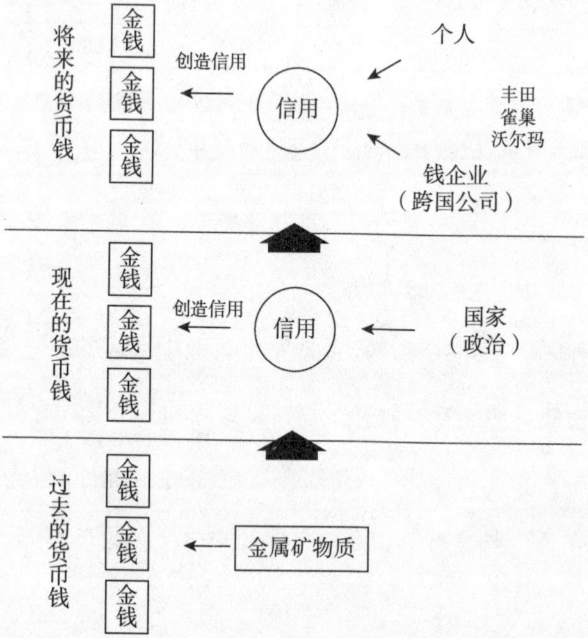

图 3—4　企业发行货币的兴起

在那种情况下，衣食住行等基础设施则会由巨型企业负责管理，这些企业也会尽可能地满足人们在各方面的需求。

2012 年总营业额为 9 300 亿日元、营业利率为 14% 的优衣库已经不能算是纯粹意义上的服装企业了。大多数国民都觉得“平常穿着优衣库的衣服出门就可以了”。于是，优衣库成了“衣服的基础设施”，成了国民的统一服装。

食、住也会出现同样的情况。比如，7-11控股公司能向社会提供原创系列食品。该公司一直以来都以开设便利店为主营业务，可最近也开始进军食品外卖业和学校餐饮业，并开始出售菜肴的成品。这样下去，终有一天日本人会认为“吃饭就找7-11”。届时，这家公司就会成为食品业的龙头。

由于日本老年人逐年增多，没人住的空房间也在随之增多。原来的敬老院和护理设备都会进行再次规划管理，新的集体住宅也将逐步问世。

上述“基础设施企业”目前已经有了超过东京电力的公众性和普遍性的可能性。

大型企业与国家围绕共同体主权展开的争霸战将会以政府的败北和国家的消亡而收场。民营企业会取代国家与政府，执行它们目前所行使的职能。同时，民众对民营企业的认同感也会与日俱增。

你也能发行货币

除了企业，我们每个人也可以以自身的信用作担保去发行货币。

Monex集团有限公司的CEO松本大先生是投资银行高盛证券的合伙人，他持有该公司的股票期权。高盛证券上市后，他卖掉了手里的股票，一下就赚了10亿日元。出人意料的是他放弃了股票期权（退出高盛证券就意味着他的股票不再有价值），开始自行创业。人们都对他的决定表示不解和惋惜。

他说："我想做自己想做的事，我在乎的是信用。"在他看来，千金易得，信用难求。现在，他的资产超过了当时的数十倍甚至上百倍。对他来说，金钱是价值的表现形式，是价值的客观化、外部化与数值化。

他的成功是可以复制的。一般人只要有足够的信用并得到外界的认可，就能"发行货币"。可以说，我们将要面对的是用金钱衡量每个人的信用度的时代。

松本大先生几十年如一日在博客上发表营业日志。信息通信的发展不仅刺激了纸币的增长，还加深了人们对信用的理解。

手冢治虫在《火鸟》中把未来世界的货币称作"10万信用"。由此可见，这位天才漫画家也对金钱有着深刻的理解。

以信用为基础的社会可以称其为信用主义社会。

正在"上市"的我们

把信用客观化的方式有很多，下边列举的都是信用（金钱）的来源：

- 博客读者的文化素养；
- 著作在亚马逊上的书评；
- 网页在谷歌上的级别；
- 网店的好评度；
- Twitter 及 Facebook 被点赞的次数；
- 与社会名流的亲密度；
- Facebook 上共同好友的人数；
- 学历、工作经历；
- 年收入、缴税金额；
- 容貌外表；
- 博客等级；
- 外语能力；
- 言谈举止；
- 家庭出身；
- 信用卡的消费记录；
- 住址；
- 所获奖励；
- 被维基百科收录的经历；
- 年龄。

这些信用变量将会变得越来越重要。

比如某人或某事在谷歌上有很高的点击量，这就证明他（它）有一定程度的影响力和关注度。随着能对我们的信用度作出评价的算法和衡量标准的出现，我们的简历也会被保存在网络上。以Facebook 和 Twitter 为代表的社交网络不仅可以把人际关系可视化，还能对人与人的关系作出评价，进行综合管理。

以后，我们的信用度会被网络记录并永久保存。无论是就业、转业或是结婚，我们在任何情况下都会被问及信用度。与他人交换名片后，我们在网络上就能查询到对方的信用度。这样一来，网络就成了我们每个人的“简历”。

在把可视化的信用转化成金钱的社会中，我们都将“上市”，都必然要关注自身的“股价”。

与此同时，我们也要意识到“上市”会给我们带来各种困扰。所以我们必须尽早做好应对突发事件的准备。互联网技术给我们带来了创造信用的可能性，我们必须利用它使自己过上更幸福的生活。

金融将被数融所取代

金钱的价值和其含带的信用会随着时代的发展而改变，当然，它的形式也会发生相应的变化。将来，企业与个人的信用创造会变得更加容易。

金钱的最初形式是贝壳，后来变成了金银等矿物质，再后来又演变成了纸币。不久的将来，金钱会以电子货币的形式流通在这个世界上。我们现在使用的货币多以纸币和硬币为主，未来世界的金钱会以电子符号的形式出现在显示器上，其实体会逐渐消失（如图 3—5 所示）。有位消费者对我说："金融将被数融所取代"。

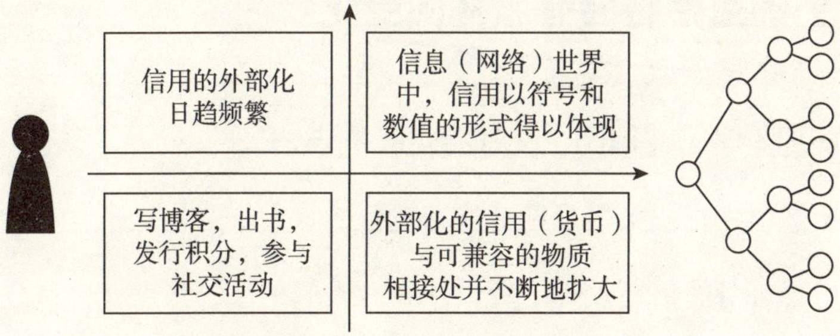

图 3—5　金融向数融转变

注：金钱的形式从最初的贝壳变成了金银又变成了纸张，将来会以电子货币的形式（信用卡、数字货币）出现在经济领域里。

动画片《攻壳机动队》为我们描绘了未来世界的样子。其中有一集，一个同伙问他怎样能筹到买钚的钱。恐怖分子头目向喽啰们说明了购买钚的集资方法，他说："现在的金钱都是印在存折上的数字，可电子屏幕上显示不出来小数点以后那些小于 1 日元的金钱。如果把这些小钱累加起来也是个相当可观的数目。我们把那部分金钱窃取出来就够用了。”

他的意思是，存折里小数点以后的利息是无法全部表现出来的，那些利息有可能是 1 钱或是 0.1 钱，把这些小钱细大不捐地收拢起来，也能成为一笔巨款。

现实生活中，随着电子货币的出现和迅速地普及，那些小钱也许会不复存在。到了 2020 年，我们的钱包也许会被 IC 卡所取代。

我们的生活将会有怎样的变化？

向毕加索学习在信用主义社会生存的方法

迄今为止，人们只见过国家发行的货币。可一旦企业和个人凭借着自身的信用发行了货币，届时人们关注的焦点就会从金钱转移到了信用上。这是信用主义社会到来的信号。

什么叫信用主义时代？请看图 3—6。

首先，货币发行权由国家移交给了企业和个人，人们可以为自身的信用作担保，进行价值的直接交换（详见第 4 章），发行有形或无形的货币。

其实，在印度尼西亚那种货币价值不稳定的国家里，物物交换还是很常见、很合理的交易方式。

由于那些地区的网络十分发达（印度尼西亚的Facebook普及率排在世界第二），所以物物交换更符合实际情况。又因为所有的物品都能被人们在网络上迅速地搜索到，所以交易双方可以在瞬间完成交易。在诚信的平台上，人们完全可以不用花金钱就得到自己想要的东西。可以说，这样的地区恢复了货币出现以前原始社会的物物交换的交易方式。

由此可知，货币和促成价值直接交换的互联网之间其实是竞争关系。

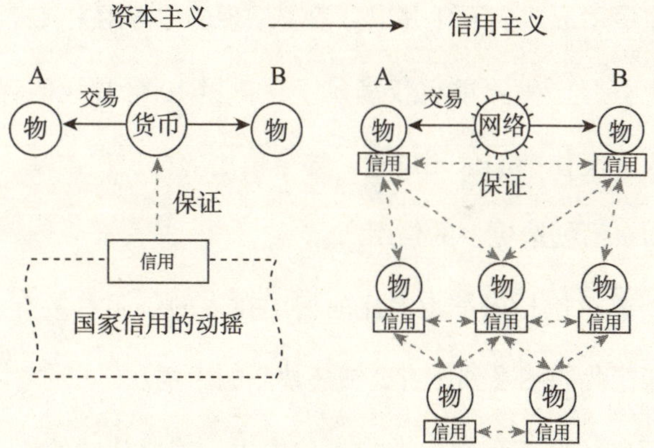

图3—6　走向注重“个人”信用的新世界

我在第1章就说过金钱是一种价值交换的工具，它不是绝对的，是可以被其他交流工具（宗教、语言、微笑等）所取代的。而用网络进行价值的直接交换就等于剥夺了用金钱进行间接交换的可能性。这就等于再次否定了金钱的绝对性。

不过，金钱在一段时期内都会是交易市场中的主要工具。我们依然会辛勤地劳作，赚钱养家，并在解决温饱的基础上做投资理财。可一旦出现了金钱的替代物，哪怕它只是个很小的存在，也会影响我们的生活方式，改变我们的生活态度。

这个变化至少具有两个意义：一是会减少民众存钱的行为；二是信用与价值创造会变得更为重要。所以金钱依旧是我们生活的必需品，无论过去还是将来。

可在信用形式多元化并以分散型呈现的“信用主义经济”中，想要过上好日子就不能仅仅满足于存折里10亿日元的存款，更要重视人际交往中的信用创造，体会信用的深层次内涵，并积极主动地为自己创造更多的信用。

我们要对包括未被货币化的信用在内的信用总量有个概念，因为它能让我们感受到比有金钱还快乐的幸福。

我们要注意在日常生活中积累信用，养成从“信用提款机”中支取维系正常生活所需的信用额的习惯。

毕加索不仅能看透金钱的本质，还能将其灵活运用，因而为自己创造了幸福的生活。

请回忆一下，他利用竞争原理召集画商并自抬身价的故事以及他用支票付款的故事吧。这些故事告诉我们，毕加索擅于给自己打造好名声，擅于把自己的社会名望转化成金钱。他真是一个高明的人啊！

三天内筹到150万日元的秘密

信用主义社会把信用转化成金钱的行为称作“货币化”。在不久的将来，信用的货币化会越来越容易实现。

位于纽约的Kickstarter是一家成立于2009年、为美国人服务的商业公司。它在互联网上通过众筹的方式，为人们提供做创意项目的资金。目前，它已经收揽了7万多个项目，其中有近二分之一的项目都成功了。虽然这些项目多是数百万日元以下的小项目，可也募集来了上亿日元的资金。

日本如果也能启动那样的网络众筹，那么那些有创意、有信用的人就能更快地实现理想，更快地把自己的才能转化成金钱。我本人也用那个网站筹集过资金。

当时，我有个项目需要250万日元，于是我就登录了那个网站。我和同事们选定了投资者，制定了能使投资者看到项目价值的企划案，并利用公司主页和社交网络对该项目做了各种宣传。

我们的努力还是有一定成效的，不过距筹措资金的最后期限还差三天的时候，我们筹集到的资金还不到100万日元，而余下的150多万日元必须在最后三天凑齐，否则项目就无法实施。但在三天内筹集150万日元，听起来简直是个不可能完成的任务。于是，我们一边向出差在外的项目代表汇报进展情况，一边做好了写检查的准备。

可就在最后一天，奇迹发生了。

在Twitter与Facebook上，有很多人愿意为我们的项目出资。社会创业家网站的网友们也纷纷解囊相助。一时间，连时间轴也被和这个项目有关的话题淹没了。

结果，我们仅用10个小时就筹措到了180万日元。这使得我们的项目有了经济上的保障。通过这件事我明白了以下几点：做项目离不开互联网的帮助，个人是可以筹措到资金的，市场策略很重要，但比这些都重要的是项目实施者的信用度。

人们购买的不是商品。这个世界几乎被琳琅满目的商品填满了，发达国家更是出现了供过于求的局面。

人们喜欢为“继往开来的传承关系”和为“故事”买单。我能在3天内筹到150万日元，这恰恰说明人们正是在这种心理的作用下才投资给我的，谁也不会仅凭现状就做出要帮助我的决定。

高效地提升信用的方法

遏制欲望

该怎样积累信用呢？我用金钱的产生过程给大家讲一讲积累信用的方法。如图 3—7 所示，信用是价值与信念相结合的产物。

创造信用的前提是在创造价值的同时遏制欲望，并且要以使命为准绳，坚守理想。这些在第 2 章已经讲过了。

创造信用的另一个关键就是要坚守自己的信念。

坚守信念就能创造信用带来收益

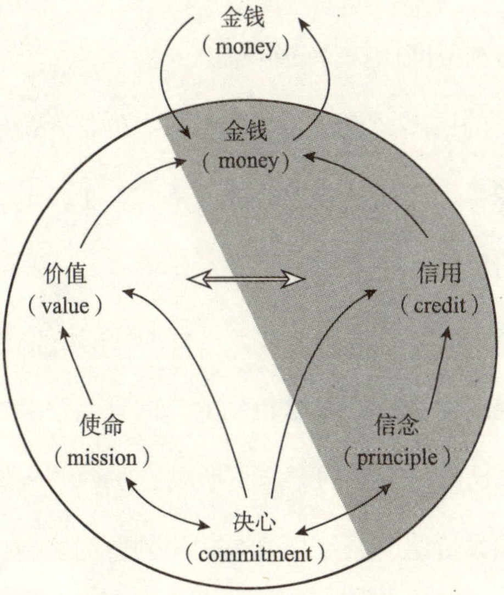

图 3—7　金钱的产生过程

信念是指原理、原则。用美学和哲学的术语来说，就是行为的“一贯性”。

想创造信用就要扼杀“贪图一时之欢”的欲望，要以不变的信条和坚定的审美观为基准，为实现自己的理想作不懈的努力。

金融界的人最重视信念。他们在看问题时会观察某人在乎什么，继而考察此人的哪些行为能体现出一贯性来。这些问题能检测出一个人在与人交往时带给别人的安全感和其自身的亲和力。

高盛证券是老牌投资银行的代表，它的职员们都具备很高的职业素养。可该公司在上市之后，因为合伙人要从中谋取巨大的利益，所以股价的升降就成了公司做决策最重要的标准，它终究难逃在信义与利益间做抉择的宿命。

面对利益的诱惑，想让公司坚持原有的信念确实很难。所以一般来说，像咨询公司这样的企业是不参与上市的，它更倾向于与志同道合的伙伴一起为理想而战。

价值创造中既有恒定的使命，也有不变的信念。

使命是通过消除私心杂念得到的。同理，信念也是在放弃眼前利益追求长期的一贯性的意志下形成的。

如果说积累价值与坚守信念是信用创造的关键，那么积累信用的关键就是“遏制欲望”。

我可以用方程式对遏制欲望的重要性进行简易的说明。

戴维·迈斯特尔在《专业顾问之获取信用的方程式》中对信用做了如下定义：

信用＝（专业度＋可靠度＋亲密度）/ 利己心

专业度是指由使命衍生出的、将才能变成价值的能力。

可靠度是指能够严格地遵照合约行事的态度。

亲密度是指你与对方在精神上的远近程度。

利己心是指私欲，即对个人利益的重视程度。

套用这个公式，我们就能知道该如何获取信用了。

如果增大信用创造公式中分子的数值，减小分母的数值，就会对创造信用有积极的影响。

我们可以带入具体的数值检验一下这个公式。

当分子中的三项都各自为 5 时，则分子总和为 15；如果分母也是 5，那么信用就是 3。如果把专业度增加到 10，分母保持不变，那么信用也才只能达到 4；相反，如果保持分子不变，分母减到 3，则此时的信用就变成了 5。

由此可见，想取得信用最好的办法不是增加分子而是减小分母。所以说，消除利己心对信用创造有着更重要的意义。

世上大多数人把时间花在了学习专业知识和提高技术水平

上。可创造信用最关键的是要遏制欲望，培养谦虚的品质。优秀等于能力乘以谦虚。

希望这个方程式会对您有所启示。

《女税务官》中的老板为什么对金钱如此执着

不要把创造出来的信用在第一时间就拿去换取金钱，要在必要时使其以工资或筹措资金的形式实现货币化。

电影《女税务官》中的逃税老板对宫本信子演的税务官说的一句话给我留下了很深刻的印象："你如果想储蓄就不能无计划地花销。比如，杯子里只有半杯水，口干舌燥的你即使将这点水一饮而尽也解决不了什么问题。哪怕杯子里的水是满的，你也不要急着喝下去。要等它快溢出来的时候才可以用来解渴。"

他说的这些也适于我们对信用的理解。信用需要不断地积累，只有在必要时我们才可以把它转化成金钱。比如，我们只有在平时多做好事，在危难关头才会有人过来帮助我们。

信用像个精致剔透的瓷器，虽然精美但却易碎，所以我们要时刻关注自己的信用度，注意对它及时维修养护。

想积累信用就要遏制欲望

关于“用信用换取财富”的章节传达给我们的信息是“不要想着怎样赚钱，要注重信用的创造与积累”。信用创造的母体已经从国家变成了企业和个人。企业和个人都可以凭借自身的信用发行货币，进行价值的直接交换。

国家资本主义社会将被信用主义社会所取代。届时，信用会变得至关重要。因此，我们要提升自己的业务能力，要坚持诚信为本，要增加自身的亲和力，并尽可能地遏制私欲。只有做到这些才能创造信用。这和创造价值时所要求的排除私心杂念的道理是一样的。

Chapter4

第 4 章

拓宽价值直接交换的环境

金钱的产生过程

Value to Value：不需要用金钱为信用作担保的经济

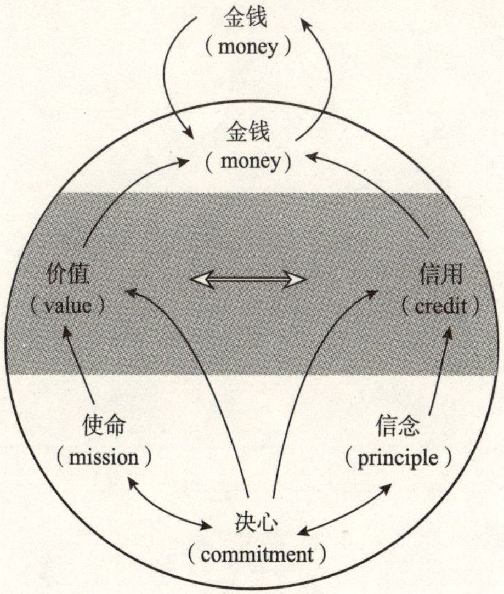

长期以来，经济学都以效率低下为由排斥物物交换。现在，我们应该重新审视物物交换，对它做出新的思考。在诚信的平台上，交易双方完全可以不需要用金钱为信用作担保，就进行价值直接交换。长此以往，我们得到的将不再是等价物，而是一种能让我们感到温暖的人际关系。

人际关系会变得更加可靠更加稳固

“Gift”的问世

2012 年 12 月，我在 Facebook 上推出了一款叫“Gift”（礼物，http://gift2friends.com）的网络服务。它能让我们在朋友圈中自由地共享知识、互相馈赠礼品，而不需要交纳任何费用。

我们可以通过搜索 Gift 上的帖子，了解到朋友们所发出的消息和他们的成交记录。

这项服务可以让我们与朋友互通有无。比如，我可以把一些读过的书、看过的 DVD、用不着的家电或户外用品转赠给朋友。当然，我的朋友也会送给我一些自己用不着的东西。此外，Gift 也能提供一些无形的服务。比如，你可以和懂花道的人交流一下心得体会，也可以向咨询师倾诉你的烦恼，寻求帮助。

网友们在 Gift 上发帖的原因有很多。比如，有人在搬家时会扔掉很多东西；但也会为一些弃之可惜留之无用的东西寻找下一位主人，于是就选择了上网发帖；也有人只是出于想和朋友共享某物的心理才发帖的。

我也用它把自己不住的房子免费提供给他人，也会在这上面和朋友们谈谈工作上的事情，我也会在朋友们搬家时得到无印良品的床和面包机。在使用 Gift 时，我们既能感受到不带铜臭味的温暖的人情，也能感受到在互帮互助的过程中产生的安全感。

Gift 不同于其他的论坛，它的交换或网络拍卖仅限于朋友之间。陌生人或匿名登录的人是不能参与此项活动的。

我开发它的目的就在于让人们在诚信的平台上进行价值交换（图 4—1）。

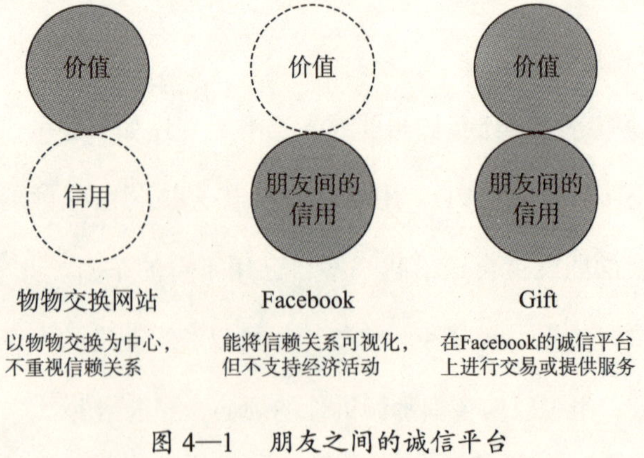

图 4—1　朋友之间的诚信平台

朋友间的互通有无不仅可以增进友谊，还能把自己的“想法与感情”传达给对方——这也是 Gift 的另一个优点。

秀出你与朋友的“亲密度”

Gift 可将你与朋友的亲密度表现出来。馈赠或接受礼物的具体要求是，你必须在 Facebook 上和对方有 10 人以上的共同好友。当然，你也可以把礼物送给某个特定的人。这种交换的特点是要在诚信的平台上，在指定的朋友范围内进行价值交换。

用户可以在网上定位自己的具体位置，并推算出与对方的距离。这项功能可使用户轻松地计算出邮费和其他相关费用。

帮助别人虽然赚不到金钱，但却能得到“信用”积分。“信用”分值越高的人越诚实可靠，而信用度高的人在需要帮助时，也更容易得到他人的帮助。正是因为我公司的信用度高，所以我才通过 kickstarter 筹措到了资金。

今后，Gift 这种“非货币经济（value to value）”会被越来越多的人所接受。

我们的目标是使非货币经济活动提升至全体经济活动的 5%～10%。这相当于药品市场中中药所占的比例（这个比例虽然不高，但却能让人感受到它的存在）。

为了实现这个目标，我们首先要打造出一条信用的纽带（详见第 5 章）。因此，把企业与个人的信用度在网络上表现出来是十分必要的。

SNS——将人际关系可视化的网络服务

非货币经济是建立在社交网站大量存在的基础上的。目前，约有 5 千万用户的社交网络已经完全融入了我们的生活。

社交网络不仅能让我们了解到朋友们的近况，还能将人际关系可视化，促进信用纽带的形成。

除 Facebook 以外，诸如 LINE 等交流工具的问世，也加强了人们的交流与互动。

将来人们会处于“不限时的联网”状态，即随时与外界保持联系的状态。

现在，我们可以通过 GPS 锁定自己和对方的位置。将来，高科技还能让我们随时随地掌握对方的动态，包括他的心跳脉搏、所思所想，等等。先进的技术能把各种信息明晰地记录并显示出来。

此外，高科技还能帮我们打理生活，让我们活得更加轻松愉快。有的子女出于工作原因不能和年迈的父母生活在一起，为了了解父母的健康状况，他们会给父母准备一个“守护电水壶”。

这个电水壶是连接网络的，因此儿女可以通过查询它的使用情况推知父母是否安然健在。将来，智能电话也将会具备这样的功能。

但任何事物都有两面性。高科技产品虽然能让我们了解到对方的状况，但也意味着我们利用它侵犯了别人的隐私。可我相信终有一天，高科技产品会因自身的便利性和能满足人们的窥视欲等特点而普及起来。

新生活虽然会给我们带来新的烦恼与困扰，但也会带来新的变化与挑战。我们应该与时俱进地提高自己，去适应未来的生活。

如何适应“互联网世界”的生活

互联网会不断地侵犯我们的个人隐私。

由于发布到外界的信息会被永久地保留在网络上，所以有些人已经感到了互联网带来的压力。于是，他们会有意识地把网络世界与现实生活隔离开来；有人拒绝使用 Facebook，有人在使用时会设置访问权限，不愿意让陌生人看到自己的信息；特别是那些搞金融的人和在传统社会中地位很高的人，他们都尽可能地不去使用社交网络，因为社交网络很有可能在瞬间就曝出一条能让这些人身败名裂的消息。

因此，我们必须学会管理自己的信用。

不要把社交网络当作交流工具，要把它看作能让我们反省自己言行的“镜子”。消息与状态要几经推敲才可以发出去，冒冒失失地信口开河只能给自己带来不必要的麻烦。相反，我们也可以把它当成为自己积累信用和为社会做贡献的工具。总之，凡是影响你个人形象的牢骚与不满就不要再往上写了。

也有人故意让自己在现实生活中的形象与互联网世界中的不一致。比如喜欢在网上侃侃而谈的人，在生活中可能是个沉默寡言的人。这可能是因为他的生活压力较大，平时不能随便说话，所以才在网络上寻找宣泄情感的途径。这是网络与现实不一致的情况。

有些人的发帖记录会让你觉得他可能是个精力充沛且有行动力的人。可见面之后，你会意外地发现对方也只是个普通人，与他在网上的形象相去甚远。

我们要注意自己发帖时的措辞，因为稍有不慎就会对生活造成不可挽回的影响。虽然写在网上的不一定都是真相，但如果你在生活中为社会做出了贡献却不去网上宣传自己，那么你的社会评价和知名度也会因此而蒙受不必要的损失。

可见，我们既是个体，又有必要像上市公司做投资者关系管理那样与人积极地交流。如同第 3 章指出的那样，将来我们每个人都会“上市”。

在这个由网络联系起来的世界中，我们既要面对虚拟与现实的落差造成的双重人格问题，又要积极地利用互联网把握自己与外界的关系，加强与外界的互动。即便你不喜欢这样的世界，也必须接受这样的现实。从经济学的角度来看，是信用把你和世界联系在了一起。所以，一定要注重信用的积累与维护。

如何过上舒适快意的经济生活

给金钱添加个“快捷方式”

如果我们在互联网上构建起了诚信的平台，那么我们就能与人直接交换价值。

迄今为止，在资本主义社会中，金钱是表示价值与信用的符号。既然价值能转化成金钱，那么金钱就能转化成其他形式的价值或财物。如前所述，我们如果有足够的信用，则无须用金钱为信用作担保就能进行价值交换。

上述就是金钱的产生过程最中间的部分（如图 4—2）。

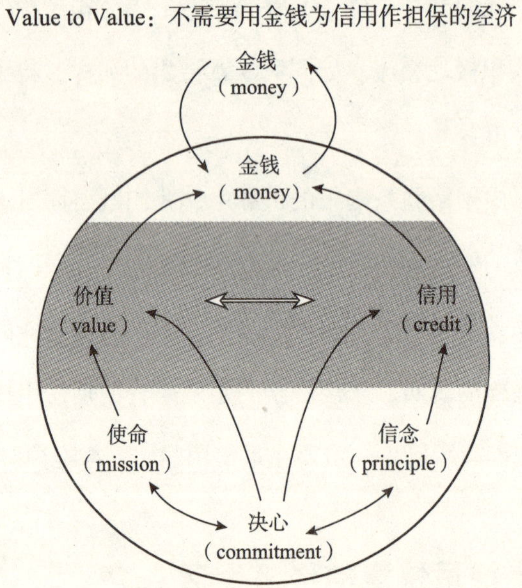

图 4—2　金钱的产生过程

互联网是满足供求双方需求的工具。随着互联网的发展，我们可以用自己的所有物与他人交换想要的东西。这看上去有点像原始社会“物物交换”的卷土重来。

席卷了世界的“分享”一词意味着我们可以与他人直接共有某物或某服务，这说明交换正在频繁地进行着。

《从分享中衍生出的新商务战略》的作者之一瑞秋·波特斯曼在一个名叫“swaptree”的交换网上，检索自己的 DVD《24》能换来什么时，她发现可与之进行交换的物品竟有 6 万件之多。最终她决定与持有 DVD《欲望都市》的人做交换。她的这种行为与其叫分享，不如将其精准地定义为直接交换。

我开发 Gift 也是为了实现价值的直接交换。

“物物交换”的优点

非货币经济最显著的优点就是交易中不需要缴纳任何税费。这对税率越来越高的日本来说是件能起到节税作用的好事，不过这并不是它最大的优点。

非货币经济最大的优点是，它可以把物品的价值和意义原原本本地传递出去。

表参道的一隅有家名叫“二手货”的店铺。顾名思义，这是家旧货市场。尽管如此，它又不同于一般的同类店铺。其主要的不同点在于，店主会在每件商品上写出原物主的名字和其他相关信息。这样一来，该物品的新主人就会知道这件物品的来历和意义。因为这种做法能体现出人们的交流与互动，所以得到了广泛的好评。

Gift 的物品转让栏里也设有“你对它的印象”一项。转让人可在此写下对转让物的想法和态度。

物品或服务本来就具有其存在的背景和必然性，它们都有自己的“故事”。所以我的做法并不是没有意义的。

一旦给物品标价就等于用金钱去表现物品的价值，但物品的价值又是不能用金钱表现出来的。那样做只能把物品的价值“一般化”、“匿名化”、“无机化”，就像 84 消毒液可以把衣服上的污渍漂洗得干干净净一样，金钱也能把物品的价值全部抹杀。

如果两幅画的标价都是 1 亿日元，一幅是画家用倾尽一生的心血完成的作品，另一幅是在拍卖会上被竞拍者哄抬起来的高价作品，那么这两幅画的意义和背景就全然不同，意义不同则价值不同。但如果仅用金钱去表现价值，就等于在把艺术和股票作比较。结果，人们就容易把作品的价值理解成金钱的数额，作品也就失去原有的意义了。

企业本应是承载着自身的文化与成长经历并能创造价值的有机体。可买卖企业的行为却抹杀了它存在的意义。一旦企业被定价，我们就找不到自己曾为企业付出的智慧与汗水的意义了。通过客观地评析被买卖的组织和业务，我发现在这个过程中很多企业都被剥夺了精神与理念，变成了一具没有灵魂的躯壳。

法人买卖的行为虽然是合法的，但它也用金钱亵渎了自然和人类创造的价值。

资本主义带来的贫富差距与等级差别虽然是个亟待解决的课

题，但它们却不是问题的根本。问题的根本在于金钱具有超强的媒介性质。在用金钱这把利刃做交流工具的资本主义制度下，我们无法用联系的观点看世界，也无法与外界进行良好的沟通。而我们活得十分痛苦，找不到生活的意义，正是因为我们自身也被金钱一般化、匿名化了。

笛卡尔认为“世间万物都可以用要素分析法将之客观地解释出来”。这种用数学的观点理解世界的哲学与“以金钱为中心”的社会制度是一脉相承的。

金钱使道德沦丧

金钱让我们身心俱损

金钱能买到的东西越来越多了（如图 4—3）。

角膜 3 万美元，肝脏 13 万美元，心脏 15 万美元。英国一个女大学生甚至在网上以 1 万英镑的价格出售了自己的初夜权。

英国维珍集团的创始人理查德·布兰森爵士创立了“维珍健康银行”，提供存储婴儿脐带血的服务。虽然这项服务很有创意，可一但被别有用心的人拿去做克隆人实验就糟糕了。

因此，在世俗社会中，东西能不能买卖的界限是伦理。当然，伦理也会随着时代的发展而变化。

在日本，房地产的买卖是合法的，它可以以各种形式进行买卖；但在传统的美国人看来，土地是神圣的，是不可以拿去做交易的。

日本不允许贩卖人体器官，但是国外就有出售人体脏器的商店；而且在一些非洲国家，即使贩卖人口也不会受到法律的制裁。

用金钱做交易叫商品化，能被商品化的事物越多，就证明人们的伦理道德水平越低。

当我们的灵魂与肉体、思想与感情都被商品化时，则表明我们也被定价了。劳动的价值、工作的时间、我们的人生……这一切的一切都能被商品化。生活在发达国家的人就是在这样的环境中苦苦寻找人生的出路的。

而且，我们似乎已经习惯生活在这个一切事物都被打上价签、且都能用金钱去衡量的世界了。

如果你反感这样的现实，你会觉得活在这样的世界真是异常痛苦。这种经济制度为各种精神性疾病的流行提供了一个“良好”的发病环境。

人是为了完成某个使命才来到这个世界上的。为了完成使命，人们尽情地展现着自己的才华，为社会做贡献。可现在金钱成了人们的通用语言，成了社会价值的基础。虽然人活着离不开金钱，想多赚金钱也不是罪过。但如果我们在赚金钱时迷失了自己，忘记了使命就不对了。不能完成使命会让我们感到沮丧，所以我们不愿意谈论金钱，并尽可能地回避与它有关的话题。

现在的科学仅仅提高了技术水平，却不能从根本上改变我们的思想。金钱的科学即金融学，也仅仅是把世间万物都变成了商品，但却没能给我们指明真正的出路，这就是资本主义的宿命！

于是，讨厌用金钱做价值交换的人开始关注不破坏价值完整性的直接交换了。

人们在诚信的平台上，在保证价值的意义与相关信息不被破坏的前提下，推出了新的有机经济体制，即信用主义经济。

- 商务人脉与 CEO
- 角膜 3 万美元、肝脏 13 万美元、心脏 15 万美元
- 初夜权 1 万英镑、脐带血出售业务
- 垃圾处理和二氧化碳的排放权
- 走后门入学 500 万日元、无罪释放的判决结果
- 分手代理 150 万日元、邂逅策划 30 万日元
- 遗传基因（DNA）的专利化

图 4—3　能用金钱买到的东西越来越多

其实，只要能保证价值的流通，经济活动不一定离不开金钱。

人们渐渐地把价值看作了能够流通的有机体，且不再用数字

去表现它。有机经济就会在全体经济领域中抢占货币的市场占有率（如图 4—4）。物物交换将再次回到这个世界。

经济学中有句话叫"满足双方的需求"。它的意思是由于交易双方各有所需，所以很难达成一致。但金钱能迅速地满足双方的需求，并促使交易尽快成立。

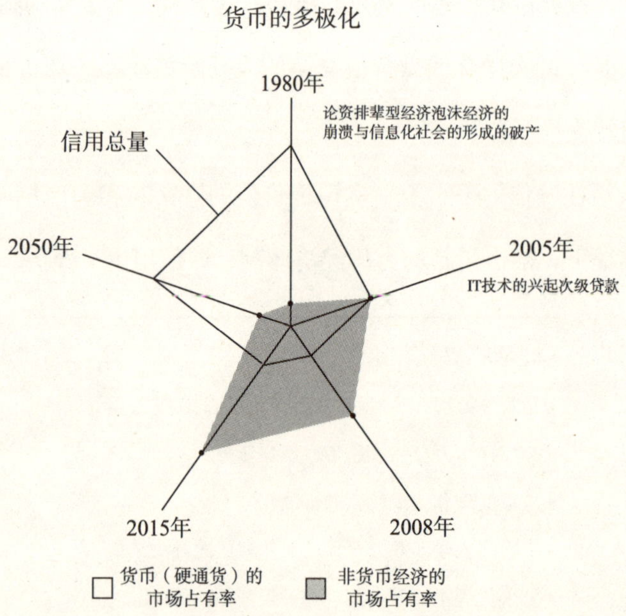

图 4—4　价值交换市场中货币（硬通货）的市场占有率从 2015 年开始下降

的确，同时满足双方的需求确实很难做到。但如果交易双方在诚信的平台上进行交易，那么哪怕对方提供的物品或服务不能完全符合你的需求，你也会觉得："虽然差强人意，但对方的人品还不错，这次就这样吧。"这种情况下是允许我们睁一只眼闭一只眼的。

现在人们也能接受拼车、拼房等各种形式的共享，而这些能够共享的事物也在改变着我们的生活。共享的前提是实现共有。我们只要把与人交流时产生的摩擦限定在诚信的平台上,那么"共享"是可以实现的。

为了提升我们自身的信用度，我们必须学会处理摩擦的技巧与方法。否则，我们依旧要生活在离不开金钱的世界里。

不是"等价交换"是"付出与回报"

在探讨有机经济前，我们应该先去思考一下人们获得某物的真正意义是什么。现在经济的核心是"用金钱实现的等价交换"(give and take)。

随着有机经济的发展，你贡献给社会的价值会以另一种方式回报给你，即"付出与回报"(give and given)。

这意味着，你不会从价值的提供者手中直接得到金钱，但你可以通过贡献价值的方式提升自己的信用度。而且，你要相信付出总有回报（如图 4—5）。

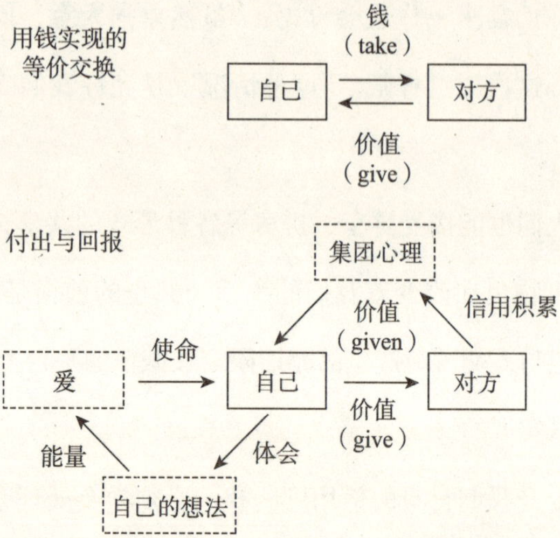

图 4—5 “等价交换”和“付出与回报”

这种提供价值的关系适用于多方交易。此时，你为别人提供了某种价值，别人就会“投桃报李”。于是，新经济制度就渐渐地形成了。

而且你只需在短期内就会得到回报。在诚信的平台上直接交换价值的人越多，价值还原的速度就越快。

《年收入 150 万日元的幸福生活》的作者池田勇人一年内为非营利组织提供的帮助和建议多达 200 件以上。这位写作非常富有感染力的作家在一次演讲中说：“只要有人能记住你所作出的贡献，就算你不能马上得到回报，也会得到社会的认可。这样你就能过上衣食无忧的生活。”

当然，他不是要我们每年只赚 150 万日元然后节衣缩食地度日，但他主张付出一定会有回报。我们要考虑包含未被货币化的信用在内的信用总量。用信用构建起新经济制度并不是痴人说梦，它真的可以实现。

因著有《无业者的生存之道 —— 互联网可以让穷光蛋过上幸福的生活》而一举成名的京都大学毕业生 pha 在写博客的同时，也在开发软件。他把所需之物列在一张清单上，并发布到了亚马逊网。结果，他的粉丝们就把清单上的东西买来送给他。据说，他连大米等生活必需品也是用这种方式得到的。

将来，能在这种价值直接交换的世界中得益的人会越来越多。

但是，只有在人们不计得失的前提下，这样的世界才能到来。住在集体公寓（合租房之一）的田口步说："当人们消除了等价交换的观念，价值直接交换的世界才能到来。"**如果存有"我给你那么多，你却给我这么少"的想法，价值的直接交换就无法实现**。因为在那样的世界里，不存在公平的概念，也没人期待付出了就一定会有回报。

他说，当别人有困难时，我们应该无私地提供帮助，要做到只讲付出不求回报。这种"雷锋"精神就是我们常说的"爱"。

我们只有不计得失才能主动地营造良好的人际关系，才能进行再次价值交换。

向有机经济过渡

最初，人们可能不明白什么叫“积累无形的信用”和“获得意想不到的回报”。但随着信用经济、有机经济的日益发展，人们会逐渐接受它、顺应它，并遵照它的规律开展经济活动。

有机经济不是突然出现的，是在现存经济体制的基础上逐渐形成的。

有机经济不允许流通的停滞和价值的高度集中。价值在流通过程中传递的意义和相关信息，不能像金钱一样拿去存储，它是个灵活且敏感的有机体。

上野动物园在引进动物时不用金钱去购买。他们用已有的动物和其他动物园做交换，并逐渐发展壮大。比如把老虎换成棕熊，丹顶鹤换成大象。这样换来换去虽然很麻烦，但由于工作人员没有给动物打上价签，所以就保证了动物个体的价值和其存在的意义。

希望你也能做些带有有机经济性质的活动（在不违法的前提下）。你可以组建一个在三人之间互换价值的体系，并将自己生活中的非货币经济活动所占比率提升至全体经济活动的10%。然后看看在这样的情况下，你能为别人做什么，自己又能得到什么。

最后，你去体会一下自身发生了哪些变化，你在待人接物上又发生了哪些变化。这些行为可以帮我们摆脱头脑中原有的货币经济形式和等价交换的观念。你也会得到心灵上的安宁并感到快乐。

也许你会发现世上并没有“个体”这一概念，人实际上就是很多小个体所结成的“关系”。当你能有这样的体会时，那么信用主义时代就离你不远了。

在生活中创造有机经济

本章的主题是“付出与回报”，它提倡我们应该为别人提供价值，并以报酬的形式获得其他形式的价值。此外，还要保证这一行为的连贯性和流动性。

我说过，金钱是价值与信用的数值化形式。可如果在信用的平台上进行价值交换，我们不用花金钱也能得到想要的东西。生活在资本主义国家的人都活得很累，自身的存在感也在不断地丧失。为了找回做人的尊严与人的原始本能，大家才去务农、做瑜伽。但比这些都重要的是，我们应该把迄今为止的经济活动转变成有机经济活动，这样才能从根本上解决问题。

Chapter5

第5章

信用打造的新共同体：不要积累资本要积累信用（信用链条）

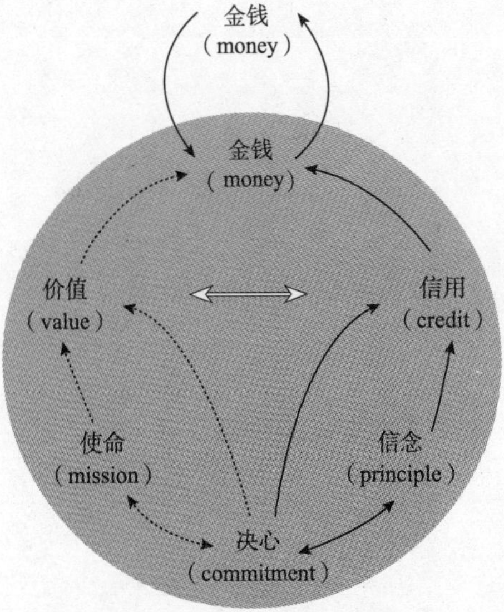

我们的目标并不是获得1亿日元的存款（中奖另当别论）。21世纪，我们要具备哪些知识才能生活下去？我给大家提示几个关键词“共同体”、“亚洲”、“夜晚和节假日”。

做好迎接新时代的准备

前情回顾

进入第5章之前，我们先来做一个简要的前情回顾：第1章告诉我们不要把金钱看成绝对的存在，要把它客观地理解成一种交流工具，不要为金钱把自己搞得身心俱损；第2章列举了规划人生的要点，即通过消除私心杂念的方法去感知自己的人生使命，此外，第2章还要求我们在完成使命的过程中创造价值，为社会做贡献，并以这种方式得到应有的报酬；第3章阐述了资本主义社会向信用主义社会转变的重要性；第4章建议我们要积极地创造能使我们感到幸福的有机经济。

而这一章的中心是倡导我们搭建通往新世界的桥梁，开启新的生活模式。

最强大的被投资方是“共同体”

我在工作中接触到了很多与投资有关的业务。最常见的问题是“我该把金钱投资给哪家企业”。这样问是因为投资者出于想要获利的心理把被投资者看成了一个有升值空间的商品。于是，我很认真地告诉他们真正有升值空间的投资行为其实是创造“共同体”。

我在第 3 章说过在世界的三个层面中，经济活动将在“把人们联系在一起的纽带”的这一层面上得到更大的发展。在未来世界中，我认为打造价值交换的信用平台和培养互助的共同体才是最有意义的投资。

不过，新共同体和过去的那些共同体都不一样。

现在的共同体要求有详细的居住地址和工作单位，它把人限定在了一定的活动范围内。**新共同体不问地址，也不问工作单位，它能让志同道合的人团结起来为共同的理想而奋斗**。共同的价值观是新共同体存在的基础。

人们共享资源、打造共同体的平台不是为了提高便利性、降低成本，而是为了与他人做精神上的交流，产生共鸣，达成共识。

在这样的世界里，我们首先要确立自己的价值观，之后才能去“嘤嘤其鸣，求其友声”。从长远角度来看，我们这样做其实是在“欲善其事，先利其器”呢。

你要相信世界上一定有和你想法一致的人。这是使共同体突破地域限制或集团限制，让不同国度的人进行交流与沟通的原动力。

我们想要与外国人交流就要先过语言关。而随着网络翻译功能的日臻完善，这个难关也将被攻克。日本人说不好英语不是因为日本人懒惰或者蠢笨，而是因为在日本播放的英语节目都被加上了日文字幕。但欧洲电视台就不会这么做，所以欧洲人从小学学到的就是地道的英语。

由于日本音像产业的加工成本过高，所需时间过多，以致该产业放弃了在英语节目中添加日文字幕。这样一来，反而激发了日本人主动学习英语的热情。

加之日本人讲究集体主义，一旦身边人开始学英语，自己不学就会失去一个朋友，所以也只能跟着一起学。英语使用者达到一定人数时，日本人学不好英语的难题就迎刃而解了。

比语言学习更重要的是要精准地表述出自己的信念与价值观。这样在与别人交流时才能构建出良好的互动关系。

想要结识新朋友，出门旅行也是个不错的选择。因此，旅行的性质也可以从单纯地参观名胜古迹、观赏自然风光变成创造新共同体的交流与互动之旅。

由此可见，如果你有强大的交际能力，旅行的性质也会发生极大的改变。

我有个朋友说他能一分金钱不花就在欧洲上玩半个月，因为他在欧洲各国都有朋友。他的交际能力非常强，所以他真的能说到做到。

他不在乎面子与自尊，像个“自来熟”一样和任何人都能很快地熟络起来，并建立起深厚的友谊。

发达国家在任何方面都呈现出了供大于求的局面。拿住房来说，日本的空房率达到了 25%。因为发达国家的成长已经达到了饱和状态，在零和关系的世界中，就要求必须有人来消费那些由于生产过剩而造成的“积压品”。

你出门旅行时可以根据朋友的介绍与当地人进行交流，并在 Facebook 或 Twitter 上把他们加为自己的好友。你可以把这些信息储存起来，介绍给你的朋友，等他们出去玩的时候，也许能用得上。我们也可以在这个共同体上做些经济活动，它能使共同体成员的关系变得更加稳固。

我在越南创建的共同体

2010 年末，我在越南的会安与朋友们举行了一场小聚会，并以此为契机，于次年开设了一家面向欧美游客的礼品店（如图 5—1）。

图 5—1　我在越南开设的礼品店

400 年以前，日本的朱印船就到过会安，与当地人有过贸易往来，所以会安有很多日本人的墓地，也有名为“日本桥”的旅游景点。应该说，会安与日本自古以来就有着密切的交流。我的店里出售日本蜡烛、香、和服等能体现出日本传统文化的商品。店员既有日本人也有越南人，还有来店里做实习的日本大学毕业生。我会把店里的活动拍成照片、附上文章上传到 Facebook，这样，关注我的人就能了解到礼品店的动态。

我开店有两个目的。

一是立足亚洲放眼世界。我想多学些经商与管理方面的知识与技能，并通过与欧美人打交道提高自己的英语水平。

二是为了构建新的共同体。我的礼品店在 Facebook 上的关注者共有 150 人。他们到越南后会来店里买东西，给店员们帮忙。店员也会向他们介绍些好玩的景点和一些对他们有帮助的当地人。于是，游客与店员就结成了互相帮助的共同体。最近，我的礼品店和旅行社也有了合作，礼品店也就成了旅行社的代理机构。

我开店主要是为了构建共同体，赚钱倒是其次。

我还打算招揽日本各行各业的人才来越南生活、工作。比如，开设医疗护理学校，开发留学项目等。

留学项目就是送越南学生去日本留学时，给他们介绍和医护行业有关的工作。这样做不仅能让他们积累到社会经验，还能帮他们解决学费和生活费等问题。这对护理人才匮乏的日本来说也是件好事。如能顺利实施，真可谓是一举两得。

日本社会老龄化问题日趋严重，各种医护费用占了国家预算的 4 成左右。如不能及时解决这个问题，日本财政早晚会被它拖垮。越南人的平均年龄只有 27 岁，比平均年龄为 45 岁的日本人少了十几岁。越南的人口虽然不如日本多，但年轻人和可从事劳动生产的人却占了主流。如果把越南从事医护行业和家政行业的人才引进日本，不仅可以解决日本劳动力不足和劳动成本过高的问题，也能给越南的年轻人提供出国深造的机会。

我创建的共同体能帮助我实现理想。越南的政治制度虽然与日本不同，但它也在发展，也在不断地进步。由于它的发达程度远远低于印度等国，所以它的发展潜力是巨大的。日本人很有希望在越南寻找到新的商机，开辟出一片新的市场。

亚洲最具有开发价值的两个区域

越南虽然很好，但它也不是唯一的选择。开发亚洲市场无论是对企业还是对个人都有很重要的意义。

不久的将来，大多数的日本人都会去国外工作，只有逢年过节才会回国与家人团聚。届时，我们很有必要在亚洲为自己开拓出一片立足之地。

你可以有计划地完成共同体的建设。

首先，你可以借外出旅游的机会考察一下当地的经济情况，看看做什么生意赚金钱。然后再考虑能否在当地开创新的商业基地，以开展新的业务。

因此，我们必须马上行动起来，使自己适应未来的生活。

开发亚洲市场要考虑到两个方面。

一要关注人口多的城市。除日本以外，亚洲人口超过百万的城市有 193 个。其中，人口数量排名前 80 的城市中有 48 个在中国（如表 5-1）。我们不要把目光局限在沿海城市，中国的内地城市也有很大的开发空间。印度人口数量超过百万的城市有 35 座，预计在 2020 年能达到 70 座，可见印度也是一片可供开发的商业市场。

表 5—1　亚洲城市人口数量排行榜（除日本以外的国家和地区）

排名	城市	国家 / 地区	排名	城市	国家 / 地区
1	重庆	中国	28	沈阳	中国
2	北京	中国	29	郑州	中国
3	上海	中国	30	长春	中国
4	深圳	中国	31	南京	中国
5	达卡	孟加拉	32	胡志明市	越南
6	广州	中国	33	吉隆坡	马来西亚
7	孟买	印度	34	巴格达	伊拉克
8	卡拉奇	巴基斯坦	35	唐山	中国
9	伊斯坦布尔	土耳其	36	香港	中国
10	天津	中国	37	济南	中国
11	德黑兰	伊朗	38	海德拉巴	印度
12	德里	印度	39	福州	中国
13	成都	中国	40	茂名	中国
14	临沂	中国	41	湛江	中国
15	哈尔滨	中国	42	河内	越南
16	首尔	韩国	43	长沙	中国
17	雅加达	印度尼西亚	44	南宁	中国
18	石家庄	中国	45	烟台	中国
19	徐州	中国	46	拉合尔	巴基斯坦
20	武汉	中国	47	苏州	中国
21	青岛	中国	48	大连	中国
22	邯郸	中国	49	昆明	中国
23	潍坊	中国	50	佛山	中国
24	班加罗尔	印度	51	新乡	中国
25	西安	中国	52	宁波	中国
26	曼谷	泰国	53	齐齐哈尔	中国
27	杭州	中国	54	阿默达巴德	印度

续前表

排名	城市	国家 / 地区	排名	城市	国家 / 地区
55	普纳	印度	68	安哥拉	土耳其
56	宿迁	中国	69	枣庄	中国
57	新加坡	新加坡	70	柳州	中国
58	利雅得	沙特阿拉伯	71	喀布尔	阿富汗
59	金奈	印度	72	贵阳	中国
60	无锡	中国	73	鞍山	中国
61	吉林市	中国	74	焦作	中国
62	加尔各答	印度	75	釜山	韩国
63	合肥	中国	76	吉达	沙特阿拉伯
64	淄博	中国	77	斋浦尔	印度
65	坎普尔	印度	78	平壤	朝鲜
66	仰光	缅甸	79	瓦拉纳西	印度
67	新北市	中国台湾	80	兰州	中国

此外，我们还应该考虑相对竞争力。我之所以选择在会安开店是因为这里不仅市场环境好，还能让我遇上对我有帮助的人。

日本商人多的地方肯定不适合创业，因为竞争太激烈了。

在亚洲的主要城市中，日本人多聚集在马尼拉、台北、曼谷、新加坡和香港。你想在这些城市里创建新的共同体是非常困难的。但像仰光（缅甸）、伊斯坦布尔（土耳其）、重庆（中国）等日本人相对较少的城市，还是有很大的发展空间的（如表 5-2）。

在你走出国门之前，要先找到有利的地理位置，然后再做下一步打算。

表 5—2　亚洲主要城市（*）中日本人常住人口的比率

		人口（人）	日本人比率（%）
这些城市要重点考虑	卡拉奇（巴基斯坦）	12 461 423	0.0026
	重庆（中国）	28 846 000	0.0032
	加尔各答（印度）	4 486 679	0.0037
	孟买（印度）	12 478 447	0.0048
	班加罗尔（印度）	8 425 970	0.0068
	德黑兰（伊朗）	11 050 000	0.0068
	吉达（沙特阿拉伯）	3 400 000	0.0088
	伊斯坦布尔（土耳其）	11 372 613	0.0105
	利雅得（沙特阿拉伯）	4 700 000	0.0118
	仰光（缅甸）	4 107 000	0.0126
		⋮	⋮
这些城市不要涉足	马尼拉（菲律宾）	1 660 714	0.8173
	台北市（中国台湾）	2 650 968	0.6896
	曼谷（泰国）	8 249 110	0.5325
	新加坡（新加坡）	4 737 000	0.5182
	香港（中国）	7 026 400	0.3574
	首尔（韩国）	9 794 304	0.2395
	上海（中国）	14 123 200	0.1666
	釜山（韩国）	3 414 950	0.1543
	雅加达（印度尼西亚）	9 580 000	0.1221
	高雄市（中国台湾）	2 773 592	0.1182

（* 选自亚洲主要城市中人口超过 100 万的 196 座城市）

建设新农村

日本国内新共同体的建设也在如火如荼地进行着。比如，在农村，人们以非货币经济形式互通有无的比率非常高。日本的农村也确实是建设新共同体的最佳环境。

过去，人们往往认为只有“废物、笨蛋和涉世不深的毛头小子才会去农村讨生活”。可实际上，现在有很多在东京毕业的年轻人和有见识的外地人都在积极地建设着新农村。

我的朋友佐野哲史是复兴支援团的领导人。2007 年新潟地震后，他在帮助灾区人民重建家园的同时也适应了那里的生活。他与当地人构建起了信赖关系，组建起了新共同体。东日本地震后，他又奔走于灾后重建的工作中。现在，他在岩手县经营家庭旅馆，为建设新农村共同体而奋斗着。

托他的福，我也有了去农村考察的机会。我与朋友们都亲眼目睹了日本农村发生的巨变，并深切地感受到了乡村经济的发展潜力。我们相信在不久的将来，这里真的会出现能使市民社会稳定发展的新共同体。

农村共同体的建设随着城里人的加入也加快了前进的步伐。城里人通过在节假日去农村做志愿者等方式促进了城乡间的互动。

城里人的到来也刺激了当地农业和渔业的发展，这对农村人重拾信心有积极的影响。同时，城里人来乡下可以从事劳动生产，在大自然中感受时间的流逝，抚平城市生活给他们造成的精神创伤。

推动城乡的联系，促进二者的交流，这不仅会改变人们的生活，也会成为决定21世纪日本发展方向的关键所在。

推动乡村经济的发展也离不开来自国外的援助。我认为应该让日本的农村与外国城乡间搭建起沟通的桥梁，加强双方的交流与合作。

宫城县的气仙沼市在很久以前就有与国外的海产品加工和进出口贸易的往来。明治维新之前，日本各藩自给自足，有各自的武装力量和足够的自治权，萨长可以直接与英法等国签署通商协议。农村新共同体也可以借鉴历史上的成功先例，通过与国外的交流与合作得到发展与壮大。

生在乡村长在东京且有过留学经历的年轻人可以选择适合自己发展的地点，开始新的人生。他们能为日本农村与外国城乡建立起经贸合作关系，并在推动乡村经济发展的同时，实现自己的人生价值。

我们也处于建立新联系、创造新共同体的过程中，如不能抢

占先机，恐怕将来的处境会很窘迫。

边工作边开始新生活

把夜晚与节假日充分地利用起来

创造信用和开始新生活绝非易事。

对家庭和工作两头忙的上班族来说，想实现上述两条的确有相当大的难度，所以想创业就要把夜晚和节假日充分地利用起来。

我身边也有很多人边在非营利组织（non-profit organization，NPO）工作，边做兼职顾问。也有很多人在打理家务的同时筹划创业、移民等人生大计。他们过的就是“双重生活”（在城乡两地都有营生），做的就是“兼职”（除正式工作以外参加的非营利活动）。他们用自己的技术、知识、经验实现了这样的生活方式。

我为想做兼职的人提供了名为“firms”的网络服务（http://pj-firms.com）。

firms 主要面向那些在咨询公司做顾问的人。你注册之后，系统会根据你的职业向你介绍适合你的兼职工作。它能算出你现在工作的所需时间和收入，并以此为依据为你安排适合你做的兼职。

firms 既搭建起了一个稳定的经济平台，又为你设计出了你想要的生活。这种“出售时间”的网络服务将会越来越多。有了它，人们就不用把时间都耗在加班上了，而是能够更加合理地规划各自的生活。

失业率高是正常的

虽然我们要为迎接新时代的到来做准备，但在此之前，我们还要度过一个无业者时代（我在自己写的题为《为那些想辞职的人支一招》的文章里为无业者提供了一些谋生方法，有兴趣的人不妨一读）。

日本有很多老年人可以再就业，但刚毕业的大学生却找不到工作。失业成了日本的社会问题。

不过，失业率高真有那么可怕吗？

供大于求的发达国家并不需要那么多的劳动力，所以从传统劳动意义上讲，失业率高是生活富足的表现。

你可能不赞同我的说法，但我对失业持肯定态度。

日本的上班族一直在批评无业者和靠政府救济金养活的人。但企业中真正有价值的工作是能生产出附加值的工作，可这样的工作在企业中最多占四成。甚至可以说，公司里 80% 的人做的都是无用功，即为其他部门做后勤或辅助工作。从这个意义上说，企业内部的失业率也是很高的。

大多数企业已经不再是能够生产价值的经济体，而是按月给职员们发放30~50万日元退休金的生活救济组织。而且，银行和政府都在为维系这样的企业而拼命地努力着。

既然如此，人们为什么还把工作看得那么重要呢？

是因为大家相信凯恩斯经济学的那些理论吗？

非也！

人们努力地工作是害怕自己闲下来无事可做。现代人怕的不是吃不上饭，而是怕吃饱之后不知该干点什么，找不到自己存在的意义。

职称、工资、营业额其实都是为了让人们找到存在的意义而设定的目标。你在工作中遇到的不讲理的上司和处理的那些不合理的业务，其实都不是价值创造中所必须面对的问题。

生活在发达国家的人必须把自己的人生目标从“生存”转变成“创造”。对很多人来说，这是范式的转变。届时，失业就不再会被人鄙视，从新的角度，它将被理解成“劳动的解放”。

想要实现这样的转变，我们就要解放思想，改变已有的劳动观，以无业者的身份给自己腾出一段不参与任何劳动生产的时间。这段时间的长度约为1~2年。

无业的初级阶段就是在打发时间。二三十岁的男性无业者可能去看 Gree 和 2 频道，去柏青哥打游戏，去漫画店翻漫画。终有一天他们会腻烦这样的生活并重返社会。因为娱乐消遣并不能让他们找到人生的意义。

我认为无业者在“混日子”时要给自己设定些目标，要有水平地打发时间。

怎样才能做到“有水平地打发时间”呢？可以先从小事做起，比如记录自己的长跑成绩，记录种花种菜的心得体会，学些炒菜做饭的手艺……这些点滴积累都能帮助我们重获自信。

之后，你可以为自己设定些社会性的目标，比如为他人做贡献。做的贡献越多，得到的社会回馈就越多，这才是新时代的工作方式。

随着工作的日益增多，我们会创建出更大的价值创造体系，那就是经商。经商的本质就是组织化。

终有一天，你会发觉工作就是“做游戏”，事业就是“创造价值与信用的游戏”。此时，你的人生目标才真正地从生存转变成了创造。

你的人生也会因为这个转变而变得更加幸福、自由。为了让美好的明天早日到来，我们现在就行动起来吧。

展望未来

从头再来

面对现在这个供大于求、金钱的信用土崩瓦解、人际关系日渐凉薄的世界，我只想做好以下四件事：

① 创建新共同体；

② 把金钱定义成交流工具；

③ 设计出一个真正能让人“生活”的社会蓝图，并为其实现而努力奋斗；

④ 开发身边人的潜力，帮助他们成长。

我的目标是“为创造提供正能量”，即尽可能地帮助更多的人开发他们的潜力。

有人追求真理，有人追求财富。我的梦想是拉近理想与现实的距离。我要积极思考，多多实践，全力以赴地为实现理想而奋斗。

经过一段时间的休整，我再次披挂上阵。我重新制定了公司的管理制度，明确了奋斗目标。

在整顿公司期间，我除了觉得每天都过得很充实、很踏实之外，还能感到莫名的兴奋，这种感觉让我充满了干劲儿。

为了让公司发展得更好，吸引更多的人才来公司工作，我必须转变思想，考虑更多的问题。比如，我是把公司当作理想的载体，还是当成养家糊口的饭碗？怎样确定目标？怎样设定达到目标的期限？

我成立公司的初衷是建立评估企业价值的系统。我会沿袭这一理念，把各个企业的特点详尽地表现出来。

目前，我已经设计出了一个“拟人化聊天”的系统。我试图把企业拟人化，再对这个“人”作出评价。

只有设计出一套能够展现企业实态（客观形象）和个性的系统，我们才能把它理解成一个生机勃勃的有机体。

此外，我还为企业法人订制了一套咨询业务。

我在第 1 章就描述过自己的工作经历。出于对 M&A 行业评价企业标准的反感，我离开了咨询公司。

该行业认为，如果一个企业负债累累且股东资本比率低，那就证明它不是个好企业。但我认为，一个企业能负债累累就说明它能借到金钱，这恰恰表明它的信用很好，是个有着独特企业文化的好企业。

我在做企业分析时发现，用金钱做衡量标准去评价企业是非常不合理的。我们可以用合理的观点去分析企业，虽然得出的解释可能让人不能接受，但结果却是正确的。

另外，我认为，营利就是在实现差别化，有差别才能使企业在市场中表现出自身的个性，所以企业的利润其实源自它的使命。

企业在完成使命与体现价值的过程中能最大限度地发挥自身的功能。这也是我在做咨询业务时得出的一个结论，即企业是有自愈能力的。

企业是处于发展变化中的有机体，我们要经过长期的观察才能对其作出客观公正的评价。不能用理论或数字去概括它，给它下定义。由于组织和业务是在相互作用下实现运转的，所以我们对企业要有整体的把握，不能头痛医头脚痛医脚。

没有金钱的世界

我们将会迎来一个没有金钱的世界。金钱作为一种便利的交流工具，人活在世总少不了它。既然如此，“没有金钱的世界”又作何解释呢？它是指“人们都处于积极快乐地创造价值的状态”。

金钱是社交中的最大公约数。如果我们把它当成生活的目标，我们就会被它同化，就会找不到生活的意义。

如果每个人都去完成各自的使命，那么真正的社会正义就会万物各行其道。届时，我们会生活在物质充足的社会里，即生活在“没有金钱的世界”里。

马克思认为，在价值交换中，不应把事物无机化、数字化，应使其以欣欣向荣的态势稳步成长。他描述的世界就是“没有金钱的世界”。

虽然他没能看到自己描述的世界，但总有一天人类会实现价值共享，并快乐地创造新的价值。于是，幸福就不再与金钱有关，金钱也可以从这世界上彻底消失了。

不需要金钱的世界的真正含义是要我们把握“金钱的本质”。

我们将不再生活在钱生钱的世界里，而是生活在以诚信为本，人人都去创造价值的世界里。我们在那样的世界里，会活得更加幸福，更加快乐。

附　录
与金钱打交道时养成的三个习惯

我们不仅要对金钱有深刻的理解，还要在与它打交道时养成如下习惯。

习惯 1　要知道金钱只是一种交流工具

金钱不是绝对的存在，它只是一种交流工具。微笑和谢意的表达也是交流工具，它们都能够取代金钱的存在，所以说金钱不是不可或缺的东西，你应该冷静客观地看待它。而且你也要想一想，金钱是帮你实现愿望的唯一手段吗？

习惯 2　让金钱多多地流通

与金钱打交道共分五个步骤，即消费、储蓄、赚钱、让钱生钱，促使金钱在世上流通（如图 A 所示）。

日本人只能做到前三步：消费、储蓄、赚钱。

不过今后我们要提高对最后一步的重视。让金钱以这四种形式多多地流通：消费、投资、做社会福祉、回报社会。

一般人只能实现第一种形式的流通（如图B的第三象限）。但真正意义上的“让金钱流通”指的是其余三种形式，比如做社会募捐、筹措创业资金，等等。只有把金钱用到投资、做社会福祉和回报社会上，才能促进新社会的形成。

消费	⇨ 购物
储蓄	⇨ 把金钱蕴涵的能量和可能性储存起来
赚钱	⇨ 把自己创造的价值贡献给社会并得到相应的报酬
让钱生钱	⇨ 把金钱蕴涵的能量变成价值创造力
促使金钱在世上流通	⇨ 让金钱在社会中循环流动，发挥其催化作用

图A　与金钱打交道的五个步骤

金钱其实就是数字。我们对金钱的理解决定了我们改造世界的整体思想。所以培养让金钱流通起来的观念是非常必要的。

习惯3　思考创造价值的方法，并将之付诸实践

退休金和养老金等问题使我们对未来充满恐慌感。

人们受不安与欲望等非理性心理因素的影响活得非常痛苦。无论是商业市场还是资本市场都存在着不公平的现象和诸多弊

病。你如果了解市场规律，也许会获得巨大的利益。可我希望大家不要见利忘义，要选择正确的生活方式。

希望大家能积极地创造价值，然后用创造出的价值换取财富，让自己过上幸福的生活。

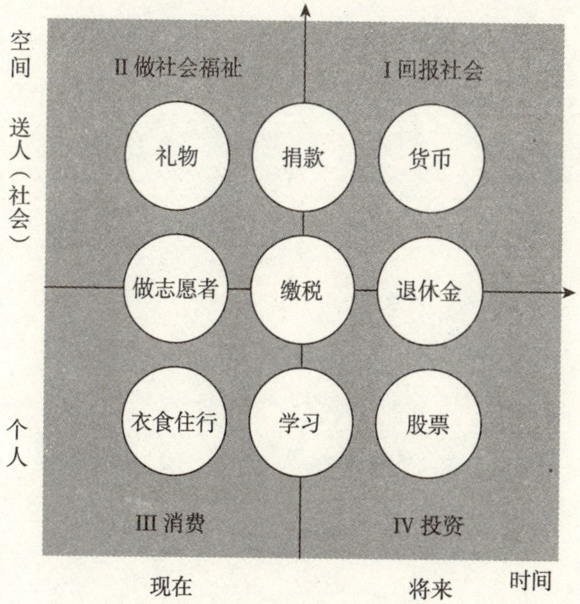

图 B　让金钱流通的 4 种形式

金钱在全球化的大环境下可以在各个国家畅行无阻。但我认为，金融界实际上是个封闭的系统，即使你能在其中赚到大把大把的金钱，也没有任何意义。因为你没有创造出价值，只是在做“金钱游戏”。

我们该做的是考虑“如何创造价值”，然后将想法付诸实践。

金钱在任何时候都不是我们的终极目标，它是帮助我们实现愿望的工具。你如果能正确地认识它，就能让它在帮助你实现愿望的过程中发挥出应有的作用。

Conclusion 结　语

本书介绍了金钱的进化史，预测了它的发展趋势，为读者提供了一些建议与参考。

我只是个创业者，只是根据自己的创业经历书写了一些心得与体会。

我之所以有勇气写这本书是因为朋友给我讲了现代管理学之父德鲁克的一则趣事。

德鲁克一生都没有下属，他说："领导是做正确的事，管理是正确地做事。"这句话得到了众多管理者的认同。

我不敢把自己与德鲁克相提并论。可我认为，我把自己对金钱的思考与研究以及在与金钱打交道的过程中积累下来的经验写出来与人分享，也是在创造价值。

我虽然不敢保证本书一定能引领您走向成功，可如果它能给您带来一些启示，那么我也很欣慰了。

感谢您的阅读。我的联系方式是 yy@dsigr.com，期待您的来函。

译者后记

这是我做翻译以来第一次接触到的和金融有关的日文书籍。老实说，金融我并不很懂，对金钱也没有什么概念，但是书中的一些观点还是让我很有触动的。

作者提到了一种与人互通有无的经济方式。这种经济方式让我想起了在日本留学时的一些小故事。我的留学生活是从 2007 年 10 月 7 日开始的。到了第一个驻足的城市松本之后，一切都要从头开始。好在，我在当地遇上了不少好心的留学生和日籍华人。他们把不用的被褥和家具送给了我，让我在日本的北阿尔卑斯山下度过了第一个寒冬。

后来，我去东京继续深造。在那里也受到过来自日本人、高年级留学生的各种帮助和支援。我非常感谢那些在我困难之际帮助过我的人。在我留学结束的时候，我把自己的一辆自行车转赠给了一位刚到日本的留学生，又把其他的生活用品送给了那些依然要留在日本生活、学习的人。我觉得这样做非常好，既能与友人交流感情，又避免了财物上的浪费。

现在，我每年都能看见大学毕业生在毕业之前贩卖自己用不上的物品。应该说他们是非常有经济头脑的。不过，那些二手的书籍、穿过的衣裙、过气的玩具会不会有人出钱买，我就不得而知了。看着他们的样子，我也在想，如果有一天我离开现在的工作地，我会把哪些东西转赠给他人呢，又会把哪些东西快递回家呢？其实也没有什么东西是真正舍不得的，人都是“赤条条来去无牵挂”，哪里有那么多的不舍和遗憾，以及值得感慨和惋惜的东西呢。

此外，作者说的另一个问题也让我非常感动——人要积极主动地创造新的价值。他的这个观点让我明确了自己的人生目标。首先，人是为什么活着。赚钱养家，这是最基本的生活标准。如果人只到了这个层次就满足了，那么他的生活几乎与动物无异。既然如此，那就再进一步，比如，混学历、涨工资、评职称，比如，把自己炒作成名人……像这些争名夺利的行为，看上去确实很上进，但在我看来也是低级的人生态度。因为人非圣贤，并不是任何人都能在这个过程中把握住自己，很有可能在与他人的争斗中迷失了自己的前进方向。这样一来就只剩下“万般皆下品，唯有读书高”了。遗憾的是，现在读书也不高！读书是为了什么？为了做学问吗？你看，现在有些教授、学者、高级知识分子，他们为了名利去弄虚作假，虽然他们发表了很多核心期刊级别的论文，但是从质量上来看，距离核心的标准还有很大的差距。媒体发达的今天，个别大学教师也不甘寂寞地参加了各种讲座节目，访谈节目，甚至娱乐节目。感觉整个学术界都弥漫着一股浮躁的风气。没人愿意去深刻地思考问题，引领我们正确地看待世界了。我为这样的社会现实感到不安，但我对社会的发展方向持乐观态度，毕竟风潮一样的事物早晚会过去的。风平浪静之后，人们就会渐渐地安心做真正有意义的事，即创造价值。

我可以自豪地说，我翻译这本书就是在创造价值，我也相信这本书里的主要观点一定会触动读者们的神经，让大家重新反思自己目前的生活。我认为，人生其实并不长，一辈子只要踏踏实实地做好一件事就够了。“业精于勤，荒于嬉”，我们反复地做一件事就会做成该行业的专家、大师。比如，我有一次在日本的综艺节目中看到这样一则故事，有人质问一位老歌手说：“你这辈子只会唱一首歌！没有创新，你不觉得羞愧吗？”老歌手说：“我的确只唱过一首歌，但我多年来一直在修改这首歌，寻找最佳的演唱方法。因此我认为我一直都在创新。”听了这样的回答，我太感动了！现在我们身边还有多少人能把事做到这样极致的地步？这位老歌手其实就像书中说的，他抛弃了自己的私心杂念，无欲无求地完成自己的人生使命。

所谓“天生我材必有用”，每个人降临在这个世上都应该有自己要完成的使命，为了完成使命，我们应该开发自己的潜能，提升自己的才能。引用《士兵突击》的一句台词，“好好活就是做很多很多有意义的事”。也许我们并不能像许三多那样精力充沛地做很多很多有意义的事，那就竭尽全力地做好一件事吧。用心做好一件事，也是不白活一回的体现。

也许当你找到了自己的人生目标后，就会为此而奋斗，其他的人与事对你都不会造成任何影响了。而且，如果人人都有事可做，那么这个社会将会呈现出一片安定祥和的局面，和谐社会也真的能够变成现实。中国梦也会尽早美梦成真。

此外，本书对现实还有一个积极的意义就是能让人明确金钱的来源，即价值创造。没有创造价值就能得到很多金钱是不正常、不合理的。比如说很多人为了金钱被骗进了社会上的不法传销组织，这些想发财的人正是因为不懂金钱产生的过程，也不懂价值创造的重要性才会上当受骗的。所谓“君子爱财,取之以道”，我们想过上富裕的生活还是要靠辛勤地劳动，为社会做贡献，提供价值，得到社会的认可。这才是赚钱的正途。希望看过本书的人能以此为契机，端正自己的金钱观与世界观，过上健康向上的幸福生活。

本书的顺利完成要感谢我的亲友刘宝娣女士、袁立军先生、刘璇女士和王佳璐女士，感谢他们为我提供的无私的帮助。

译者的水平有限，如有疏漏望读者不吝赐教。感谢您的阅读。

北京阅想时代文化发展有限责任公司为中国人民大学出版社有限公司下属的商业新知事业部，致力于经管类优秀出版物（外版书为主）的策划及出版，主要涉及经济管理、金融、投资理财、心理学、成功励志、生活等出版领域，下设“阅想·商业”、“阅想·财富”、“阅想·新知”、“阅想·心理”以及“阅想·生活”等多条产品线。致力于为国内商业人士提供涵盖最先进、最前沿的管理理念和思想的专业类图书和趋势类图书，同时也为满足商业人士的内心诉求，打造一系列提倡心理和生活健康的心理学图书和生活管理类图书。

阅想·财富

《蓄势待发：股票交易实战录》

- 华尔街最顶级的交易训练营教练扛鼎之作。
- 著名股票博客博主徐小明和“百年一人”撰文倾情推荐。
- 真实再现华尔街最牛操盘手的交易场景，帮你理解交易真谛，让你在大牛市来临前做好准备。

《金融的狼性：惊世骗局大揭底》

- 投资者的防骗入门书，涵盖金融史上最惊世骇俗的诈骗大案，专业术语清晰易懂，阅读门槛低。
- 独特视角诠释投资界风云人物及诈骗案件。

阅想·心理

《幸福就在转念间：CBT 情绪控制术（图解版）》

- 美国《健康》杂志权威推荐，心理治疗师们都在用的、唯一一本 CBT 情绪治愈系图解书。
- 用视觉化的呈现方式，幽默解读情绪的众生相，有效帮助读者转变思维模式，控制情绪。

• 两名作者共同创办了认知行为治疗学院和 City Minds，拥有丰富的经验，并运用认知行为治疗和焦点解决短期治疗法，开创了综合治疗法。

阅想·生活

《谈钱不伤感情：影响夫妻关系的 5 种金钱人格》

• 世界上没有不合适的金钱人格，只有不会相处的夫妻。
• 美国著名金钱伉俪亲情奉献。
• 一本为因钱而烦恼的夫妻们量身定制的婚姻解药书。

《让梦想照进现实：最受欢迎的 24 堂梦想训练课》

• 英国最受欢迎的梦想训练课，曾指导许多人达成了自己的梦想和愿望。
• 循序渐进的 24 堂梦想训练课，可用于自我管理、计划规划与执行等方面的培训。
• 随书附有梦想训练导图。

阅想官方微博：阅想时代
阅想微信公众号：阅想时代
（微信号：mindtimespress）

阅想时代 Mind Times Press | 策划